U0938452

中華國學經典

注音全本全注全譯

dào dé jīng

道德經

〔春秋〕老子·著 李勝全·注譯

古籍書局
THE ANCIENT WORKS BOOK LIMITED

注音全本全注全譯道德經

作　　者：（春秋）老子 著；李勝全 注譯

責任編輯：謙　和

封面設計：抱一工作室

出　　版：古籍書局有限公司

香港尖沙咀金巴利道 53 號

E-MAIL：qiandedushu@qq.com

發　　行：香港聯合書刊物流有限公司

香港新界荃灣德士古道 220-248 號荃灣工業中心 16 樓

印　　刷：深圳市精一瑞蘭印刷有限公司

廣東省深圳市龍崗區南嶺龍山工業區 25 號 1-3

版　　次：2025 年 5 月第 1 版第 1 次印刷

定　　價：HK$ 58.00　NT$ 240.00

ISBN 978-988-71084-1-2

Published in Hong Kong,China

前言

《道德經》，又名《老子》《道德真經》《老子五千文》等，是中國古代先秦時期的一部重要著作，為諸子百家之源，是道家哲學思想的重要來源，被公認為是世界上最古老的哲學經典。只有五千字的《道德經》，被譽為「萬經之王」，一直被稱為中國傳統典籍中最難讀懂的一部經典。它對中國古老的哲學、科學、政治、宗教等，都產生了深刻的影響，同時，它對中華民族性格的形成，對政治的和諧與穩定，都起到過不可估量的作用。相傳是春秋末期楚國人李耳騎青牛隱退時，途經函谷關，由尹喜拜求而留的經典。

《道德經》分上、下兩篇，原文上篇《德經》、下篇《道經》，不分章，後來改為《道經》三十七章在前，《德經》四十四章在後，總共八十一章。文本以哲學意義之「道德」為綱宗，論述修身、治國、用兵、養生之道，而又多歸於治國為君的主張，文意深奧，涵義廣博。上部重在道境道律之體，下部重在德理德法之用。

如果用三個關鍵詞概括《道德經》的思想體系：第一個便是「道」。「道」是規律，老子構建了一個囊括宇宙萬物的規律，而順應自然本性就是根本的規律。事物的發展不是單一靜止的，而是無常變化的，對立的事物往往會互相轉化，即陰陽轉化，物極必反是萬物演化的規律，說明事物本身是陰陽兩極的統一體。「道」作為書中最抽象的概念，是天地萬事萬物之母，即原動力，而「德」是「道」在倫常領域的發展與表現，包括世界觀以及為人處世的方法等。方法是來源於事物的原動力，也就是來源於道，老子主張純樸淡泊、清靜貴柔、謙讓守弱等效法自然的德性。

第二個是「無為」。「無為」不是指什麼都不做，而是順應事物的自然本性，順勢而為，不折騰。無為一方面體現在尊重自然規律上，另一方面更重要的是弱化政治領袖的統治作用。老子主張對內無為而治，與民生息；對外和平共處，反對戰爭與暴力。理想的國家社會是樸素有序、清靜和諧的。這就是老子所說的聖人之治，聖人是理想中的政治領袖，一般指上古時的幾位治理國家的楷模。

第三個詞是「自然」。「自然」也就是事情本來的樣子，宇宙的發生和運行，其本身就是自然的、自在的。「道法自然」是《道德經》中的思想精華，「無不為」是「道」的作用，指道化生了萬物，「無為」就是「法自然」，順自然而為，就是「輔萬物之自然而不敢為」，即一切都是順客觀規律而為，看似無主體作為，實際是無主觀強行妄為。老子通過對自然界的觀察，認為人保持柔弱如雌，是保存生命的必要良策，同時也是變得強大的基礎，或者說，保持柔弱如雌本身就是一種強大。

老子，姓李名耳，字伯陽，又稱老聃，是楚國苦縣厲鄉曲仁里人，在現在的河南鹿邑太清宮鎮。他一生修道且長壽，大概活了一百多歲，比孔子年長20余歲，孔子曾經多次問道於老子。老子是中國古代思想先哲第一人，公認的中國哲學之父，也是道家學派的創始人。

據文獻記載，老子自幼聰慧，靜思好學，知識淵博，還拜精通天文地理、殷商禮樂的商容為師，又入周太學，拜見博士，後來在守藏室做官。守藏室相當於周朝的國家圖書館，彙集天下的文獻典籍。春秋時期的社會環境是周朝式微，各諸侯為了爭奪霸主地位，戰爭不斷。老子避世隱居時路過函谷關，被關令尹喜挽留，相談甚歡。尹喜深感老子的思想無比重要，懇請老子寫下來流傳後世。於是，老子著述、經尹喜整理而成五千字的《道德經》。

《道德經》是諸子百家思想的源頭，在其上而不在其內，先秦法家的韓非子曾經作《解老》《喻老》，他的法家思想部分來自《道德經》；孔子也曾經多次向老子問道，進而形成自己的儒家思想；連《孫子兵法》也是受啟發於此，從軍事角度延展了《道德經》的思想。更有後來的中醫養生等理論，也與《道德經》一書有千絲萬縷的聯繫。老子已經不止代表一本書或一個人，而代表一種圓滿具足的源頭智慧。他最可貴之處在於，與同時代的另外兩位聖人孔子和釋迦牟尼相比，他只是從身邊走過的謙謙長者，他沒刻意講究有威儀，沒有眾多門徒和集會，老子活出了自己所倡導的清靜無為、上善若水，並以此啟迪和滋養著無數困頓焦慮的心靈。

儒、道、釋是中華文明的三大根基，老子、孔子是二千五百年來中國歷代君王的導師，影響了中國兩千多年的思想、文化和政治。漢桓帝曾親自祭祀老子，把老子奉為「仙道之祖」；因為老子與唐朝的皇帝同姓，唐代皇帝尊封老子為「太上玄元皇帝」；道教內部則尊稱老子為「太上老君」。中國古代有四位皇帝曾親自註解《道德經》，他們分別是：唐玄宗李隆基、宋徽宗趙佶、明太祖朱元璋和清世祖福臨（年號順治）。唐太宗李世民曾讓舉國上下都學習《道德經》，並以《道德經》精神作為治理國家的基本原則，以此創造了萬國來朝的大唐盛世，令首都長安成為當時的世界中心。

老子的思想是全人類的共同財富，據聯合國教科文組織統計，《道德經》是除了《聖經》以外被譯成外國文字而發佈最多的文化名著，外文譯本總數有500種，僅德文譯本多達82種，研究老子思想的專著也高達700多種。《道德經》被越來越多的西方學者所關注，並不遺餘力地探求其中的奧秘，尋求人類智慧的源頭。《道德經》雖寥寥五千言，卻是全人類取之不盡的文化寶藏，其精神內核被越來越多的西方哲學家和思想家們所重視。

《道德經》一書版本眾多，比較有代表性的有：郭店竹書本、馬王堆帛書《老子》甲乙本、北京大學收藏的西漢竹書本、河上公本等，註釋《道德經》的學者更是不勝枚舉。我們這次整理出版的《道德經》，釋譯以王弼註解本為底本，每一章都作了題解，對正文有詳細的註釋和翻譯，並且對正文進行了全部注音，適合不同古文水平的愛好者閱讀。

由於水平所限，書中定有不妥之處，敬請廣大讀者批評並指正。

目 錄

道 經

第一章 …… 3
第二章 …… 6
第三章 …… 8
第四章 …… 10
第五章 …… 12
第六章 …… 14
第七章 …… 16
第八章 …… 18
第九章 …… 20
第十章 …… 22
第十一章 …… 25

第十二章……………………………………………………… 27
第十三章 ……………………………………………………… 29
第十四章 ……………………………………………………… 31
第十五章 ……………………………………………………… 33
第十六章 ……………………………………………………… 36
第十七章 ……………………………………………………… 39
第十八章……………………………………………………… 41
第十九章 ……………………………………………………… 43
第二十章……………………………………………………… 45
第二十一章 …………………………………………………… 49
第二十二章…………………………………………………… 52
第二十三章…………………………………………………… 54
第二十四章…………………………………………………… 56
第二十五章…………………………………………………… 58
第二十六章 …………………………………………………… 62
第二十七章 …………………………………………………… 64
第二十八章…………………………………………………… 67
第二十九章…………………………………………………… 70
第三十章 ……………………………………………………… 72
第三十一章 …………………………………………………… 74

第三十二章…… 76
第三十三章…… 79
第三十四章…… 81
第三十五章…… 83
第三十六章…… 85
第三十七章…… 87

德經

第三十八章…… 91
第三十九章…… 95
第四十章…… 99
第四十一章…… 101
第四十二章…… 106
第四十三章…… 109
第四十四章…… 111
第四十五章…… 113
第四十六章…… 116
第四十七章…… 118
第四十八章…… 120
第四十九章…… 122

第五十章 …………………………………… 124
第五十一章 ………………………………… 127
第五十二章 ………………………………… 129
第五十三章 ………………………………… 131
第五十四章 ………………………………… 133
第五十五章 ………………………………… 136
第五十六章 ………………………………… 139
第五十七章 ………………………………… 142
第五十八章 ………………………………… 145
第五十九章 ………………………………… 148
第六十章 …………………………………… 151
第六十一章 ………………………………… 153
第六十二章 ………………………………… 156
第六十三章 ………………………………… 159
第六十四章 ………………………………… 162
第六十五章 ………………………………… 165
第六十六章 ………………………………… 168
第六十七章 ………………………………… 170
第六十八章 ………………………………… 173
第六十九章 ………………………………… 176

第七十章 …………………………………… 178
第七十一章 ………………………………… 181
第七十二章………………………………… 184
第七十三章 ………………………………… 187
第七十四章 ………………………………… 191
第七十五章 ………………………………… 194
第七十六章 ………………………………… 197
第七十七章 ………………………………… 200
第七十八章………………………………… 202
第七十九章 ………………………………… 205
第八十章…………………………………… 208
第八十一章………………………………… 212

道經

第一章

【題解】老子在本章就開宗明義，開篇便破天荒地指出了宇宙人生的眞理實相、天地萬物的主宰本源，即無爲眞空大道。他開篇便闡述了大道生成天地萬物的自然規律，並告誡「萬物之靈長，宇宙之精華」的人類只有清靜無爲，虛極靜篤，天人合一，才能歸根復性，返本還源。本章闡明了宇宙的締造者，並指出了觀察體悟大道的方法。河上公本作「體道第一」。

dào kě dào fēi cháng dào míng kě míng fēi cháng míng wú
道①可道②，非常道③。名④可名⑤，非常名⑥。無
míng tiān dì zhī shǐ yǒu míng wàn wù zhī mǔ gù cháng wú yù yǐ guān qí
名⑦天地之始；有名⑧萬物之母。故常無⑨，欲以觀其
miào cháng yǒu yù yǐ guān qí jiào cǐ liǎng zhě tóng chū ér yì míng tóng
妙⑩；常有⑪，欲以觀其徼⑫。此兩者⑬同出而異名，同
wèi zhī xuán xuán zhī yòu xuán zhòng miào zhī mén
謂之玄⑭。玄之又玄，眾妙⑮之門⑯。

【註釋】①道：指宇宙的本源和實質，引申爲原理、原則、真理、規律等。②可道：可以闡述明白，解說清楚之意。③常道：指不生不滅、

無形無相、恒久不變、貫通古今的無爲大道。④名：稱名。指自然規律的形態。⑤可名：可以稱名、命名。⑥常名：指可以恒久全能地表明「道」的本質和形態的稱名。⑦無名：即無形無相、混沌之初、天地未開、陰陽未判，道無名姓。⑧有名：即無極始盈、太極初現、乾坤初奠，道生萬物。⑨常無：指道之清淨無爲、無著無相的心態。⑩妙：微妙，要妙。⑪常有：指道之有名有爲的實有方法。⑫徼：邊際、邊界。引申爲端倪之意。⑬兩者：指「常有」和「常無」。⑭玄：玄妙精深。⑮眾妙：指宇宙萬有、天地萬物的奧妙變化。⑯門：門徑。

【譯文】可以解說得清楚明白的道，就已經不是貫通古今、恒常不變、不生不滅的大道之本身了。如果真的爲大道命名，那就已經不是真正意義上的大道之本身了（一切可以解說、稱名的修飾語都是形容道，指向道，但不是道的本身。就像指向月亮的手指，只是手指而不是月亮本身一樣）。

無爲大道不可言說，不可思議，即鴻蒙未兆之先，天地未開、陰陽未判，混沌一片，寂然不動，渺無一然，道無名姓。勉強爲之命名曰道，即無極始盈、太極初現、乾坤初奠。和氣周流、孕育群生，有天地而生人類，有人類而生萬物（即道生一，一生二，二生三，三生萬物）無極大道即爲萬事萬物的母體本源。

所以，人類要返本還源，覺悟本來，如果用寂然不動、無心無欲的心態來觀察體悟宇宙人生、萬事萬物，就會領悟到無始無終、無聲無臭、無形無狀、無名無字、千古不易、萬世不變、生化萬有的真實面目、真空大道。如果我們以識心動念、研究考證的方式來觀察體悟宇宙自然的一切，就能觀察到千變萬化、潮起潮落、生生死死、緣起緣滅等無數的大千世界。就會領悟出萬有歸空，空而不空，復生萬有的造化之源，萬物之母。

「常無」和「常有」，這兩者都是由無極真空大道而生。然而寂然不動，一念不生，即是鴻蒙之初，沒有萬物生發的徵兆，不能說「有」；忽然始動，心念初生，即是無極始盈，萬物初生，形色已立，不能說「無」。因此說「無」和「有」不可捉摸，不可思議，無形象，無言說，即空即有，非空非有，至靜至明，至圓至活，至真至常，渾化無端，妙用無方。（人若湛然清靜，無念無欲，即便是性理道體之所在，無名天地之始；人若一著欲念，念念橫生，即便是功效妙用之所在，有名萬物之母。）

大道渺茫幽深，玄而莫測，妙而難言，至極之又極，微之又微，真之又真，妙之又妙，造化無窮，在太虛爲太虛之妙，在天地爲天地之妙，在萬物爲萬物之妙，一切有形有色，皆是出自大道的無窮妙用。

第二章

【題解】老子在本章提出了樸素的自然辯證法，並指導人類處於矛盾對立的世界只有合二爲一，順應自然，運用大道無爲的自然規律，才可以立百世功，成千秋利，有萬代名。功績才能不隨著時空的轉移而銷聲匿跡。河上公本作「養身第二」。

tiān xià jiē zhī měi zhī wéi měi sī è yǐ jiē zhī shàn zhī wéi shàn sī
天下皆知美之爲美，斯①惡②已；皆知善之爲善，斯
bú shàn yǐ gù yǒu wú xiāng shēng nán yì xiāng chéng cháng duǎn xiāng jiào
不善已。故有無相生③，難易相成④，長短相較⑤，
gāo xià xiāng qīng yīn shēng xiāng hè qián hòu xiāng suí shì yǐ shèng rén chǔ
高下相傾⑥，音聲⑦相和⑧，前後相隨⑨。是以聖人⑩處
wú wéi zhī shì xíng bù yán zhī jiào wàn wù zuò yān ér bù cí shēng ér
無爲⑪之事，行不言之教⑫；萬物作⑬焉而不辭⑭。生而
bù yǒu wéi ér bú shì gōng chéng ér fú jū fú wéi fú jū shì yǐ bú
不有，爲而不恃，功成而弗⑮居⑯。夫唯弗居，是以不
qù
去。

【註釋】①斯：這，此指於是，就。②惡：醜。③相生：相互產生。

④相成：相互對立。⑤相較：相互比較，指比較、對照中顯現出來的意思。較一作形。⑥相傾：相互傾向。⑦音聲：音是指旋律，節奏；聲是指散發出去的波，聲音。⑧相和：相互協調。⑨相隨：相繼跟著，一個跟著一個。⑩聖人：知行完備、至善之人，自身的品德與宇宙的法則融爲一體，智慧變通而沒有固定的方式。對宇宙萬物的起源和終結已經徹底參透。與天下的一切生靈、世間萬象融洽無間，自然相處，把天道拓展入自己的性情，內心光明如日月，卻如神明般在冥冥之中化育眾生。⑪無爲：順應自然，不妄爲。⑫教：教導，教育。⑬作：產生，興起。⑭辭：言辭，這裏指宣告、講說之意。⑮弗：不。⑯居：居功。

【譯文】如果天下所有的人都知道所謂美的事物是美的（人人都用心機去追求它），那這本身就已經成了壞事。如果天下所有的人都認爲所謂的善事是善事（人人皆刻意而爲之），那這種刻意而爲善的行爲本身就不是真善了。所以有無相互轉化，人見有而爲無；難易相互對立，人見難而行易；長短相互比較，人見短而爲長；高下相互傾向，人見高而爲下；音聲相互協調，上唱下和；前後相互跟隨，上行下隨。（道本一體，無二無別，常恒不變。有無一體，難易一體，長短一體，高下一體，音聲一體，前後一體。）這是自然永恒的法則。所以聖人處事順應自然，以道治世，以身率道。這樣萬事萬物都會按照其自身的本性去發展，卻不宣告已經開始，生成萬物而不據爲私有，有利於一切的作爲卻不倚仗它，以這樣的德行生育萬物，功成業就後而不自居其功。只有不自居其功，所以功績才不被泯沒。

第三章

【題解】本章闡述的是君王治國處世之道。所謂「一言僨事，一人定國。」統治者運用自然規律，樹立正確的人類社會治國之道，就可以實現國泰民安。上行下效，統治者首先做到清靜無爲、無私無欲，循守大道，天下才可臻於郅治。河上公本作「安民第三」。

bú shàng xián shǐ mín bù zhēng bú guì nán dé zhī huò shǐ mín bù wéi
不尚①賢，使民不爭；不貴②難得之貨，使民不爲
dào bú xiàn kě yù shǐ mín xīn bú luàn shì yǐ shèng rén zhī zhì xū qí
盜③；不見可欲④，使民心不亂。是以聖人之治，虛其
xīn shí qí fù ruò qí zhì qiáng qí gǔ cháng shǐ mín wú zhī wú
心⑤，實其腹⑥，弱其志⑦，強其骨⑧，常使民無知、無
yù shǐ fú zhì zhě bù gǎn wéi yě wéi wú wéi zé wú bú zhì
欲⑨，使夫智者不敢⑩爲也。爲無爲，則無不治⑪。

【註釋】①尚：尊崇，推崇。②貴：貴重。此指以……爲貴。③盜：偷盜財物的人。④可欲：指足以引起欲念的事物。⑤心：心裏所想要的

念頭。這裏「虛其心」指處於無思無欲的狀態。⑥腹：肚子。⑦志：過分追求的意志。⑧骨：筋骨，體格。⑨無知無欲：沒有妄知妄欲，或邪知邪欲。⑩敢：進取。⑪治：治理，此指治理爲天下愛太平之意。

【譯文】不崇尚賢才，使人民不爲得到功名、權勢、財富而起爭奪之心。不以稀見難得之物爲珍貴，使人民沒有偷盜之心。不讓引發人欲望的東西顯露出來，使人們淡然清靜，就不會惑亂心志。因此，聖人治理天下，就是要空虛掉百姓心裏的欲念，無思無欲，使百姓塡飽肚子，削弱百姓過分貪求的意志，強壯百姓的筋骨，堅強體質。使百姓常常恬淡清靜，沒有妄知妄求妄欲。使那些有智謀的人幡然醒悟，不敢再妄生事端。一切都隨順自然的道德法則，沒有個人的欲念和追求，那麼天下就沒有什麼不能治理的了。

第四章

【題解】本章從體和用兩個方面來闡述無爲大道的內涵，大道渾渾默默，眞空妙有，體用一如，有無不二。從「體」而言，它無形無相，不生不滅，無大無小，幽隱難明，「在太極之先而不爲高，在六極之下而不爲深，先天地生而不爲久，長於上古而不爲老」。從「用」而言，它妙用無窮，「有情有信，無爲無形；可傳而不可受，可得而不可見；自本自根，未有天地，自古以固存；神鬼神帝，生天生地。」河上公本作「無源第四」。

dào chōng ér yòng zhī huò bù yíng yuān xī sì wàn wù zhī zōng cuò qí
道①沖②而用之或③不盈④，淵⑤兮似萬物之宗⑥。挫其
ruì jiě qí fēn hé qí guāng tóng qí chén zhàn xī sì huò cún
銳⑦，解其紛⑧，和其光⑨，同其塵⑩。湛兮⑪似或存⑫。
wú bù zhī shuí zhī zǐ xiàng dì zhī xiān
吾不知誰之子，象帝⑬之先。

【註釋】①道：指天地萬物的主宰。②沖：通「盅」。器物虛空，

此指若器物之空虛，虛無。③或：副詞，又。④盈：盈滿。⑤淵：深邃。⑥宗：根本，宗主。⑦挫其銳：挫，消磨，摧折。兌：通「銳」，銳利、鋒利。挫其銳：即道無爲不爭，消磨掉它的銳氣使之平和。⑧解其紛：即道之柔弱，消解掉它的紛擾。⑨和其光：調和隱蔽它的光芒，使其幽隱不明。⑩同其塵：即指道卑微處下，混世同俗，協同萬物。⑪湛兮：沉沒，引申爲隱沒、沉沒之意。這裏指「道」幽隱難明，渺無形跡。⑫似或存：似乎存在。形容「道」若存若亡。參見本書第十四章「無狀之狀，無物之象，是謂惚恍」等句，理解其意。⑬帝：造物主。

【譯文】大道之本體玄妙幽隱、空虛無形，但大道之妙用卻無窮無盡、無量無邊。它深邃悠遠啊！好像是萬事萬物的宗主。大道消磨它的鋒銳無爲而不爭，消除它的紛擾清淨而柔弱，調和它的光輝幽隱而不明，混同於塵垢卑微而處下。它隱沒無形卻又無所不在，無時不有。我不知道大道是誰締造而來，好像是在天帝之前就已經存在了！

第五章

【題解】 此章接著前一章，進一步闡述至仁至善的大道內涵，即大道至仁無仁，以成大仁；至善無善，以成大善。大道無作無爲、無私無欲、清淨平等，隨順自然，對待宇宙萬事萬物一視同仁、不分別、不執著、不參與、不干擾、不私親、不偏愛，任其按照自然規律自長自消、自生自滅，漠然無言。並指出理想的統治者也應當效法大道的大公無私，遵循自然規律採取無爲之治，任憑老百姓自作自息、繁衍生存，而不採取干預的態度和措施。河上公本作「虛用第五」。

tiān dì bù rén yǐ wàn wù wéi chú gǒu shèng rén bù rén yǐ bǎi xìng
天地不仁①，以萬物爲芻狗②；聖人不仁，以百姓
wéi chú gǒu tiān dì zhī jiān qí yóu tuó yuè hū xū ér bù qū dòng ér
爲芻狗。天地之間，其猶③橐籥④乎？虛而不屈⑤，動而
yù chū duō yán sù qióng bù rú shǒu zhōng
愈⑥出。多言數窮⑦，不如守中⑧。

【註釋】 ①仁：仁愛。這裏指天地無私親，無偏愛，故成就其大

仁。②芻狗：古代祭祀時用草扎成的狗。比喻順遂自然，任其生滅之意。③猶：如同。④橐籥：古代冶煉時用以鼓風吹火的裝置，猶今之風箱。⑤屈：竭，盡。⑥愈：疊用，跟「越……越……」相同。⑦數窮：數：通「速」，是加快的意思。窮：困窮，窮盡到頭，無路可行。⑧守中：持守中庸之道。有一說中通盅，守中為持守虛靜之意。

【譯文】天地沒有私親偏愛，一視同仁，故成就其至仁，對待萬事萬物就像對待芻狗一樣，任憑萬物自生自滅。聖人沒有私心偏愛，效法自然，無私無欲，故成就其博愛，也同樣像對待芻狗那樣對待百姓，任憑人們自作自息，任運自然。天地之間，豈不像個鼓風的風箱一樣嗎？它空虛無物，卻用不屈竭，總是和氣周流，化生萬物，生生不息。多事害神，多言傷身，更加困惑不通，不如持守中庸之道。

第六章

【題解】此章也是在繼續闡述大道的特徵和內涵，老子運用形象而生動的比喻將大道虛靜處下生育天地萬物的妙用淋漓盡致地展現了出來。他用「谷」比作爲神靈奇妙的溪谷，用「玄牝之門」比喻「道」是產生萬事萬物的根源。大道體用一如，它空虛無物而無處不在，它歷久不衰而無窮無盡。它孕育著宇宙萬物而生生不息。河上公本作「成象第六」。

gǔ shén bù sǐ shì wèi xuán pìn xuán pìn zhī mén shì wèi tiān dì
谷神①不死，是謂玄牝②。玄牝之門③，是謂天地
gēn mián mián ruò cún yòng zhī bù qín
根。綿綿④若存，用之不勤⑤。

【註釋】①谷神：生養之神。即道之別名。謂道猶如溪谷一樣空虛無物，神奇靈妙，運化無窮。②玄牝：玄，原義是深黑色，這裏指深遠、神秘、微妙難測之意。牝：本義是雌性的獸類動物，這裏借喻具有無窮無盡造物能力的「道」。玄牝指玄妙的母性。這裏指孕育和生養出天地萬物的母體。③門：指產門。此以雌性生殖器的產門喻指造化天地生育萬物的根源。④綿綿：連綿不絕的樣子。⑤勤：指道不斷地運作，不會停止。

【譯文】大道如同幽靜神奇空虛無物的溪谷生生不息，永恒長存。它就是玄妙貞靜的母性，這玄妙貞靜的母性就是玄妙母體的生育之產門，這就是天地的根本。連綿不絕啊！它就是這樣長久的永存，化育萬物而無有窮盡。

第七章

【題解】本章也是由自然大道而推論人道，老子認爲，人類社會的發展也要遵循自然規律，效法自然大道無私無欲、虛懷處下、與世無爭，謙退無我的特性，才能統御天下。河上公本作「韜光第七」。

tiān cháng dì jiǔ tiān dì suǒ yǐ néng cháng qiě jiǔ zhě yǐ qí bú zì
天長地久，天地所以能長且久者，以其不自
shēng gù néng cháng shēng shì yǐ shèng rén hòu qí shēn ér shēn xiān wài qí shēn
生①，故能長生。是以聖人後其身而身先②；外其身
ér shēn cún fēi yǐ qí wú sī yé gù néng chéng qí sī
而身存③。非以其無私④邪，故能成其私⑤。

【註釋】①不自生：不爲自己而生。②身先：意指高居人上。③身存：保全自身而生存。④無私：沒有自我的意識。⑤私：自身之意。

【譯文】天長地久，天地之所以能長久地存在，是因爲它們不

是爲了自己的利益而生存著，所以能夠長久生存。所以，有道的聖人遇事能謙退無爭，反而能在眾人之上；將自己置之度外，無私無欲，反而能保全自身生存。這難道不是因爲他無私，所以能成就他的自身嗎？

第八章

【題解】上一章以自然大道推及人道，此章以水之性喻大道之靈性。引申之義即爲，我們做人也應該和水一樣，具有水德，使自己的心態和行爲處處都合於大道。河上公本作「易性第八」。

shàng shàn ruò shuǐ shuǐ shàn lì wàn wù ér bù zhēng chǔ zhòng rén zhī suǒ
上善①若水。水善利萬物而不爭，處眾人之所
wù gù jī yú dào jū shàn dì xīn shàn yuān yǔ shàn rén yán shàn
惡，故幾②於道。居善地，心善淵③，與善仁④，言善
xìn zhèng shàn zhì shì shàn néng dòng shàn shí fú wéi bù zhēng gù
信⑤，正⑥善治⑦，事善能⑧，動善時⑨。夫唯不爭，故
wú yóu
無尤⑩。

【註釋】①上善：即至善。這裏指至仁至善的大道。此以水性之德喻大道也。②幾：將近，接近。③淵：沉靜、深沉。即水性之空明幽深妙不可測。④仁：仁愛。萬物得水以生，即水性之仁恩，潤下滋養萬物也。⑤信：真實不妄。即水性之清澈明淨，洞明鑒察，內影照物，如實

現形也。⑥正：清正自然。⑦治：治理。即水性之淘洗萬物，使其復歸潔淨也。⑧能：能動，靈活。即水性之隨方就圓，曲直隨形，圓融無礙。⑨時：天時，時令。即水性之夏雨冬雪，任時而變。⑩尤：怨尤，責怪。

【譯文】至善至仁之大道猶如水性之德，水善於滋潤養育萬物而不與萬物相爭，它處在眾人都厭惡的卑濕垢濁之地，所以與大道的德性相近。水性柔和善於處在草木叢生的卑濕低地，謙退處下；水性空虛明浄，幽靜淵深，善於處在谷底的深淵（猶如空谷幽蘭神祕莫測，少爲人知）；水性善於周流潤澤萬物，施仁播愛，不求回報；水性清澈明浄，洞明鑒察，善於如實映物，不失其真；水性清正平和，善於淘洗潔浄萬物，使正本清源，各復其道；水性柔和隨緣，隨方就圓，曲直如意，圓融無礙。善於隨順萬物，使物各盡其性；水性應時而動，隨時而變，善於曲成萬物，昇騰爲雲，凝降爲雨，冰雪雨雹，霜露雲氣，川流湖泊，泉源井池，自在隨化。水性柔和，壅之則止，決之則流，隨順萬物，與世無爭。水性之德如是，所以天下就沒有怨咎。

第九章

【題解】此章闡述人道之規律，也是在順應天道自然之規律，告誡人們爲人處世、功成身退的道理。物極必反，應當以身載道，常守中道，守性不移。河上公本作「運夷第九」。

chí ér yíng zhī bù rú qí yǐ zhuī ér ruì zhī bù kě cháng bǎo
持而盈①之，不如其已；揣②而棁③之，不可長保。
jīn yù mǎn táng mò zhī néng shǒu fù guì ér jiāo zì yí qí jiù gōng
金玉④滿堂⑤，莫之能守；富貴⑥而驕，自遺⑦其咎⑧。功
suì shēn tuì tiān zhī dào
遂身退⑨，天之道⑩。

【註釋】①盈：盈滿，滿溢。②揣：捶擊。此指使器物變得尖銳鋒利之意。③棁：通「銳」，銳利，尖銳。④金玉：珍寶的通稱。⑤滿堂：充滿廳堂。⑥富貴：富裕而又有顯貴的地位。⑦遺：留下。⑧咎：過失，罪過。⑨功遂身退：這裏指功成名就之後，不再身居高位，而是退隱山林，不問世事。⑩天之道：自然規律。

【譯文】手裏已經握持得盈滿了，而仍然貪欲不止，不知罷手（終究會禍患臨身）。手執持的利器已經鋒利無比了，還想捶擊敲打它，然而卻渾然不知鋒芒畢露，剛銳易折，不可能長久地保持下去。大肆聚斂金銀珍寶財物，即使堆滿廳堂，（然人命有盡，身命尚且難保，一旦撒手人寰），身外之物，必會移人換主，隨他人而去，又有誰能守得住呢？富裕顯貴而驕奢淫逸，必會給自己遺下災殃禍害。功成名就之後，應該隱身退去，這才是遵循自然長保之道。

第十章

【題解】這一章著重闡述修身養性之道。即以後天復返先天，歸根復性、返本還源的功夫。人明修身之道，則道不離身，身不離道，以身載道，道統萬有。修身於斯，治國於斯，體道於斯，一身兼萬道，萬道盡於一身。於是乎，身修則國治，神安則天下安，通於一則萬事畢。河上公本作「能爲第十」。

zài yíng pò bào yī néng wú lí hū tuán qì zhì róu néng yīng ér
載營魄[1]抱一[2]，能無離乎？專氣[3]致柔[4]，能嬰兒

hū dí chú xuán jiàn néng wú cī hū ài mín zhì guó néng wú zhì hū
乎？滌除玄覽[5]，能無疵[6]乎？愛民治國，能無知[7]乎？

tiān mén kāi hé néng wú cí hū míng bái sì dá néng wú wéi hū shēng
天門[8]開闔[9]，能無雌[10]乎？明白四達[11]，能無爲[12]乎。生

zhī xù zhī shēng ér bù yǒu wéi ér bú shì zhǎng ér bù zǎi shì wèi xuán
之、畜[13]之。生而不有，爲而不恃，長而不宰，是謂玄

dé
德[14]。

【註釋】①營魄：即魂魄。指人的精神和身體。②抱一：即合一。一，指道，抱一意爲魂魄合而爲一，二者合一即合於道。合於道，即道不離身。③專氣：專，結聚之意。專氣即集氣。這裏指身心合道，凝神專一，聚守精氣。④致柔：即最柔弱，最綿軟。這裏指處於甚深定境之中，精氣集聚，和氣周流，經通絡暢，骨軟筋酥，全體通泰，柔若無骨，如似爛泥。⑤滌除玄覽：滌除：滌，掃除、清除。玄覽：心居玄冥之處而覽知萬物。覽，通「鑽」，即「鑑」。鏡子。這句話是指修身之道，當滅三毒，掃三心，去四相，除五蘊，格六賊，使人欲淨盡，天理流行，返本還源，常清常靜。可參考元代道士李道純《畫前密意·工夫第十一》來理解，其詩云：「清心釋累，絶慮忘情，少私寡欲，見素抱樸，易道之工夫也。心清累釋，足以盡理。慮絶情忘，足以盡性。私欲俱泯，足以造道。素樸純一，足以知天。」亦可參看《太上老君說常清淨經》：「內觀其心，心無其心；外觀其形，形無其形；遠觀其物，物無其物。三者既悟，唯見於空；觀空亦空，空無所空；所空既無，無無亦無；無無既無，湛然常寂；寂無所寂，欲豈能生？欲既不生，即是真靜。真常應物，真常得性；常應常靜，常清靜矣。」⑥無疵：缺點，瑕疵。意指無絲毫的私心雜念，心境圓明如鏡。⑦無知：即無爲，意指垂拱而治，坐享太平。可參考《論語·衛靈公》：「子曰：『無爲而治者其舜也與！夫何爲哉？恭己正南面而已矣。』」⑧天門：有多種解釋。一說指人頭部一帶，或指耳目口鼻等人的感官。或指天門穴又名攢竹，也作天庭，意爲天宮之門、天庭、天宮、本宮。位於兩眉中印堂至前發際成一直線。或指天門在頭頂百會穴至上星穴之間的一塊地方，道家稱之爲天門穴，佛家稱梵穴，俗話稱天靈蓋。一說是指興衰治亂之根源；一說是指自然之理；一說是指人的心神出入即意念和感官的配合等。此處依「天庭說」。天庭，即意爲天宮之門、天宮。道家謂：「頭有九宮，黃庭在中」，二目中心即爲正中黃庭，即爲先天祖竅，自先天祖竅往裏直到後腦腦戶穴一共分佈有九個宮廷。⑨開闔：即動靜、變化和運動。意爲打開、衝開。這裏指衝開天門、陽神出竅。⑩無雌：雌，即柔弱沉靜之意。無雌意指細細地觀照，微微地靜守。⑪明白四達：意指心如明鏡，性若止水，明朗朗天，活潑潑地，無所不知，無所不曉。⑫無爲：即沒有一點人爲的意念。意指常寂而常照，絶無寂照心，常明而常覺，絶無明覺想。⑬畜：蓄養，繁殖。⑭玄德：玄秘而深邃、奧妙而玄遠的德性。

【譯文】精神和形體合一，呼吸綿綿似存非存，似有非有，合身於道，能不分離嗎？身心合道，凝神專一，集聚精氣，和氣周流，全體通泰，能像嬰兒那樣身體綿軟，柔若無骨嗎？滅三毒，掃三心，去四相，除五蘊，格六賊，使人欲凈盡，天理流行，心靈深邃靈妙、明澈如鏡、如如不動、了了明知、圓明常照，沒有一絲一毫的染著，能做到嗎？心安則萬民安，心净則國土淨，得一萬事畢，侯王以爲天下正，南面稱孤，垂拱而治，坐享太平，能做到嗎？心如明鏡，性若止水，明朗朗天，活潑潑地，前知後曉，燭照靡遺，明明白白，如日月四達，滿於天下八極之外。然常寂而常照，絶無寂照心，常明而常覺，絶無明覺想，常應常照，無一物能藏匿，能做到嗎？滋生萬物而不據爲己有，撫育萬物而不恃功圖報，育成萬物而不去主宰它們，這就是奧妙玄遠的德。

第十一章

【題解】凡俗之人，往往見物之有而不知其無，見物之實而不知其虛，老子通過車子、器皿、房屋的例子，教導人們要學會在有形有相的萬千事物之中去體悟大道的空虛妙用。河上公本作「無用第十一」。

sān shí fú gòng yī gū dāng qí wú yǒu jū zhī yòng shān zhí yǐ
三十輻①，共一轂②，當其無，有車之用③。埏埴④以
wéi qì dāng qí wú yǒu qì zhī yòng záo hù yǒu yǐ wéi shì dāng qí wú
爲器，當其無，有器之用。鑿户牖⑤以爲室，當其無，
yǒu shì zhī yòng gù yǒu zhī yǐ wéi lì wú zhī yǐ wéi yòng
有室之用。故有之以爲利，無之以爲用⑥。

【註釋】①輻：車輪中連接軸心和輪圈的木條，古時代的車輪由三十根輻條所構成。此數取法於農曆大月每月三十日的曆數。②轂：即車輪中心的木製圓圈，中有圓孔，爲插軸的地方。③當其無，有車之用：有了車轂中空的地方，才有車的作用。「無」即指轂中間空的地方。④埏埴：埏，和；埴，土。即和土做成供人飲食使用的器皿。⑤戶牖：門窗。⑥有之以爲利，無之以爲用：「有」給人便利，「無」也發揮了作用。

【譯文】三十根輻條彙集到一根轂中的孔洞當中，有了轂中的孔洞才能貫穿輻條，能貫穿輻條車輪才能轉動，於是車才有了正常功用。揉和陶土做成器皿，把器皿中間做成空的，才有了器皿的作用。開鑿門窗建造房屋，屋內空洞才可以住人，屋子有門，人才可以進進出出，屋子有窗，居住在屋內的人才可以感覺到通透光明，不使陰沉。有了門窗四壁內的空虛部分，才有房屋的作用。所以，「有」給人便利，「無」盛受萬物，才發揮了它的作用。

第十二章

【題解】老子慈悲化世，告誡世人不可恣情縱欲、貪圖享樂，迷於外物，令六根昏沉，心性昏暗，漸離於道。古代君王貪圖聲色美味，追求馳騁畋獵與難得之貨，就是政治衰頹、民心離散的根源。君王治國應當以身率道，清心寡欲、虛靜無爲，上行下效，方可萬民淳化，臻於太平。河上公本作「檢欲第十二」。

wǔ sè lìng rén mù máng, wǔ yīn lìng rén ěr lóng, wǔ wèi lìng rén kǒu
五色①令人目盲②，五音③令人耳聾④，五味⑤令人口
shuǎng chí chěng tián liè lìng rén xīn fā kuáng nán dé zhī huò lìng rén xíng
爽⑥；馳騁⑦田獵⑧，令人心發狂⑨；難得之貨，令人行
fáng shì yǐ shèng rén wéi fù bù wéi mù gù qù bǐ qǔ cǐ
妨⑩。是以聖人爲腹不爲目⑪。故去彼取此⑫。

【註釋】①五色：五種顏色，即青、白、赤、黑、黃，古人以這五種顏色爲正色。②目盲：比喻眼花繚亂。意指貪淫好色，使人傷精失明。③五音：亦稱「五聲」。指中國五聲音階中的宮、商、角、徵、羽五個音級。④耳聾：比喻聽覺失靈。意指不能聽無聲之聲。⑤五味：指酸、甜、苦、辣、咸五種味道。⑥口爽：意思是味覺失靈，生了口病。意指言失於道。⑦馳騁：馳射，田獵。比喻縱情放蕩。⑧田獵：打獵。⑨心發狂：心旌搖蕩而不可制止，損精耗氣，而精神散亡。⑩行妨：妨：損害，有害於。意指傷害操行，行傷身辱。⑪爲腹不爲目：意指吃飽穿暖，知足寡欲，只求溫飽安寧，守性養神，而不爲縱情聲色，損耗精氣，迷失外物。「腹」在這裏代表一種簡樸寧靜、恬淡安適的生活方式；「目」代表一種恣情縱欲、驕奢淫逸的生活方式。⑫去彼取此：摒棄物欲的誘惑，而保持安定知足的生活。「彼」指「爲目」的生活；「此」指「爲腹」的生活。

【譯文】五彩繽紛的顏色，會使人眼花繚亂，對事物的真相失去正常的辨別能力；繁雜的音樂，會使人的聽力麻木，再也感受不到天地間寧靜、和諧的韻律。經常貪食濃烈的口味，也會使人的味覺錯亂，品嘗不出大自然真正的美味；驅馬奔馳，圍捕田獵，會使人心智狂亂而縱情放蕩；貪求稀有難得的財物，會誘使人的行爲偏離正道，舉動失常。因此，聖人但求吃飽穿暖，恬淡閒適，知足常樂而不追逐聲色之娛，恣情縱欲，所以摒棄物欲的誘惑而保持安定知足的生活方式。

第十三章

【題解】 這一章是接著上一章「是以聖人爲腹不爲目」而言。「爲腹不爲目」的「聖人」，能夠「不以寵辱榮患損易其身」，才可以擔負天下重任。老子強調「貴身」之理，是因爲身爲載道之器，身命殞，則道難寄。得寵則驚喜，受辱則驚懼。得寵和受辱都會驚其心神，畏懼災禍臨身。所以，君王治國，首要在於「貴身」，節情欲、寡貪愛、不胡作妄爲。只有珍重自身生命的人，才能珍重天下人的生命，也就可使人們放心地把天下的重責委任於他，讓他擔當治理天下的任務。河上公本作「猒恥第十三」。

chǒng rǔ ruò jīng guì dà huàn ruò shēn hé wèi chǒng rǔ ruò jīng chǒng
寵辱若驚①，貴大患若身②。何謂寵辱若驚？寵，
wéi xià dé zhī ruò jīng shī zhī ruò jīng shì wèi chǒng rǔ ruò jīng hé wèi guì
爲下③，得之若驚，失之若驚，是謂寵辱若驚。何謂貴
dà huàn ruò shēn wú suǒ yǐ yǒu dà huàn zhě wéi wú yǒu shēn jí wú wú shēn wú
大患若身？吾所以有大患者，爲吾有身，及吾無身，吾
yǒu hé huàn gù guì yǐ shēn wéi tiān xià ruò kě jì tiān xià ài yǐ shēn
有何患④？故貴⑤以身爲天下，若可寄⑥天下；愛⑦以身

wéi tiān xià　ruò kě tuō　tiān xià
爲天下，若可托⑧天下。

【註釋】①寵辱若驚：寵：得寵，使之尊榮，榮寵。辱，受辱，使之受到恥辱、侮辱。意爲得寵和受辱都會驚其心神，驚恐不安。②貴大患若身：貴，珍貴、重視。重視大患就像珍貴自己的身體一樣。③寵爲下：一作「寵爲上，辱爲下。」譯文從之。④及吾無身，吾有何患：意爲如果我沒有身體，有什麼大患可言呢？⑤貴：珍貴，珍視。⑥寄：寄托。⑦愛：疼惜。⑧托：托付。同「託」。

【譯文】得到寵愛和受到侮辱都會受到驚恐，要把榮辱這樣的大患看得與自身生命一樣珍貴。什麼叫做得寵和受辱都感到驚慌失措呢？得寵就覺得尊貴，受辱就覺得卑下，得到寵愛就感到格外驚喜，失去寵愛，受到侮辱就會令人驚慌不安。這就叫做得寵和受辱都會驚其心神，令人感到驚恐不安。什麼叫做重視大患像重視自身生命一樣呢？我之所以有大患，是因爲我有身體；如果我沒有身體，我還會有什麼禍患呢？沒有什麼可以比身體更可寶貴，所以如果能像珍貴自身一樣去愛護天下人，才可寄以天下重任；如果能像珍愛自身一樣去珍愛天下人，才可以將天下托付與他。

第十四章

【題解】此章闡述大道之綱紀，解說大道之本體。大道渾渾默默，眞空妙有，無形無相，無聲無臭，不生不滅，不垢不淨，無大無小，無內無外，「先天地生而不爲久，長於上古而不爲老」。它渾渾淪淪，浩浩蕩蕩，希夷微妙，幽隱難明，無可狀而狀，無可象而象，極其渾穆。可傳而不可受，可得而不可見。自人視之，若無覩無聞，而自家了照，卻又至虛至實，至無至有。掌握了先天大道的本源本體，認知了天地人生的根本眞諦，就可以運用大道，除情去欲，抱樸歸眞，駕馭衆物，以正道本。河上公本作「贊玄第十四」。

shì zhī bú jiàn míng yuē yí tīng zhī bù wén míng yuē xī bó zhī bù dé
視之不見名曰夷[1]；聽之不聞名曰希[2]；搏之不得
míng yuē wēi cǐ sān zhě bù kě zhì jié gù hùn ér wéi yī qí shàng bù
名曰微[3]。此三者不可致詰[4]，故混而爲一[5]。其上不
jiǎo qí xià bú mèi mǐn mǐn bù kě míng fù guī yú wú wù shì wèi
皦[6]，其下不昧[7]。繩繩[8]不可名，復歸於無物[9]。是謂
wú zhuàng zhī zhuàng wú wù zhī xiàng shì wèi hū huǎng yíng zhī bú jiàn qí shǒu suí
無狀之狀，無物之象，是謂惚恍[10]。迎之不見其首，隨

zhī bú jiàn qí hòu　zhí gǔ zhī dào　yǐ yù jīn zhī yǒu　néng zhī gǔ shǐ　shì
之不見其後，執古之道，以御今之有[11]，能知古始[12]，是
wèi dào jì
謂道紀[13]。

【註釋】①夷：無色。②希：無聲。③微：無形。以上夷、希、微三個名詞皆指道之本體無形無相，無聲無臭，希夷微妙，幽隱難明之意。④致詰：詰，意爲追問、究問、反問。致詰意爲思議。⑤一：即道。⑥皦：指清白、清晰、光明之意。⑦昧：陰暗。⑧繩繩：綿綿密密，繼繼繩繩，無可名狀，亦無所作爲。⑨無物：即道之無形無相，空虛無物。⑩惚恍：即道之若即若離，非空非色，至虛至實，至無至有。⑪有：指具體事物。⑫古始：指宇宙人生、天地萬物的根本大道之原始。⑬道紀：「道」的綱紀，即大道的根本規律。

【譯文】看它看不見，不能用肉眼觀看，把它叫做「夷」；聽它聽不到，不能用耳朵去聽，把它叫做「希」；摸它摸不到，不可用手接觸，把它叫做「微」。這三者是不能窮究追問的，它們原本就渾然爲一，就是大道的本體，無形無相、無聲無臭。道體非陰非陽，若明若暗，在上不明，在下不暗，混混沌沌，難明難狀，綿綿密密，繼繼繩繩，無可名狀卻又不可稱名，一切運動都又回復到無形無象的狀態。這就是沒有形狀的形狀，不見物體的形象，這就是至虛至實、至無至有的「惚恍」狀態。也不知道它是從什麼時候開始運化變動的，所以看不見它的頭部，也不知道它是從什麼時候開始停止運作的，跟隨著它，也難以見到它的尾部。掌握了大道的本源，就可以用它來駕馭萬千具體而微的事物。明白了大道最初的狀態，天地萬物生成的規律，這就是認知到了大道的綱紀。

第十五章

【題解】老子在上一章闡述了大道之本體，然而大道玄妙幽隱，深不可測。道不自見，此章重在闡述體道之人，體道之人，與道爲一，道不可見，因人而見，道不可知，因人而知。人們只能通過大道有形有相的事物來體悟大道運行的規律。據《孔子家語·五儀》記載，孔子講：「所謂聖者，德合於天地，變通無方，窮萬事之終始，協庶品之自然，敷其大道而遂成情性；明並日月，化行若神，下民不知其德，覩者不識其鄰。此謂聖人也。」重點在闡述體道之人。

得道之士，在在處處，時時念念，無不是道。舉手投足，言談笑貌，無不是道的外現。他們具有謹慎、警惕、嚴肅、灑脫、融和、純樸、曠達、渾厚等人格修養功夫，他們微而不顯、含而不露，高深莫測。河上公本作「顯德第十五」。

gǔ zhī shàn wéi shì zhě wēi miào xuán tōng shēn bù kě shí fú wéi bù
古之善爲士者[1]，微妙玄通，深不可識。夫唯不
kě shí gù qiáng wéi zhī róng yù xī ruò dōng shè chuān yóu xī ruò wèi
可識，故強爲之容[2]。豫兮[3]若冬涉川[4]；猶兮[5]若畏

sì lín　yǎn xī　qí ruò róng　huàn xī ruò bīng zhī jiāng shì　dūn xī qí ruò
四鄰⑥；儼兮⑦其若容⑧；渙兮若冰之將釋⑨；敦兮其若

pǔ　kuàng xī qí ruò gǔ　hún xī qí ruò zhuó　shú néng zhuó　yǐ jìng zhī xú
樸⑩；曠兮其若谷⑪；渾兮其若濁⑫。孰能濁⑬以靜之徐

qīng　shú néng ān　yǐ jiǔ dòng zhī xú shēng　bǎo cǐ dào zhě bú yù yíng　fú wéi
清？孰能安⑭以久動之徐生？保此道者不欲盈⑮。夫唯

bù yíng　gù néng bì bù xīn chéng
不盈，故能蔽不新成⑯。

【註釋】①善爲士者：指得「道」之人。士，一作道。②容：形容、描述。③豫兮：豫，原是野獸的名稱，性好疑慮。引申爲遲疑愼重的意思。意爲做事小心謹愼，戰戰兢兢、如臨深淵。④涉川：意爲嚴冬渡河，水寒刺骨，深怕跌入河中。⑤猶兮：猶，原是野獸的名稱，性警覺，此處用來形容警覺、戒備的樣子。⑥若畏四鄰：形容不敢妄動，生怕爲四鄰所知。⑦儼兮：形容端謹、莊嚴、恭敬的樣子。⑧容：一作「客」。⑨渙兮若冰之將釋：渙兮，解散，消散。意指脫然無所累，夷然無可繫，杳無形跡可尋。⑩敦兮其若樸：敦兮，厚道。意指渾然敦厚，仁慈博愛，內守精神，外無文采。雕琢不事，而渾然無間。⑪曠兮其若谷：形容心胸開闊、曠達，空空蕩蕩，無不含容。⑫渾兮其若濁：渾，渾然質樸，自守本真。渾，一作「混」。濁，和光同塵，混世同俗。意指涵容並包，混混沌沌，如道之樸拙質真。⑬濁：動態。⑭安：靜態。⑮不欲盈：不求自滿。盈，滿。意指不驕奢貪求，無私無欲。⑯蔽不新成：意指匿藏光輝，隱匿行跡，不顯不露，不去成就創新。凡新成之者，其蔽必速。

【譯文】古時候得道之人，志節玄妙，神明通達，道德深遠，不可識知。因爲得道之人難以識知，莫知所長，所以姑且勉強用

下面這些爲人處世之徵象來形容他。他小心謹愼啊，好像是嚴冬渡河，水寒刺骨，戰戰兢兢、如臨深淵，恐怕跌入河中。冬天踩著水過河；他警覺戒備啊，舉止進退很拘謹，好像犯法似的，深怕四鄰得知；他恭敬端莊啊，好像有尊崇顯貴的客人從遙遠的地方來臨一樣；他行動灑脫啊，脫然無所累，夷然無可繫，好像春冰緩緩消融，冰淩流散離析；他純樸厚道啊，內守精神，外無文采。好像雕琢不飾，而渾然無間的樸木；他曠遠豁達啊，空空蕩蕩，無不含容，好像深幽的山谷；他渾厚樸拙，和光同塵，猶如渾濁的河水，不知其淺深。誰能使渾濁之水安靜下來，慢慢澄清？誰能使安靜之物變動起來，慢慢顯出生機？體悟並能踐行此道之人，絕對不會驕奢貪求，私欲橫行，正因爲他虛心弱智、無私無欲，所以能常守樸拙敝陋，沒有新成，沒有新成，就永遠不會破敗。

第十六章

【題解】這一章老子重點強調了虛極靜篤的功夫。一個人只有虛極靜篤，才能由階而上，重返先天。有道者言，只有明心見性者和明心悟性者才能完全明白此章所闡述的大道之理。虛極靜篤即佛家所謂的禪定。禪定可以本命復歸於道，「一如宙心，任萬千世界成住壞空、時空流轉，我只常應常照，如如不動；任億萬衆生循環往復、生死輪回，我只淸靜無爲，了了明知。」

老子慈悲化世，但願人類都能夠明悟到宇宙人生的眞如實相。明悟了道，就知道了什麼是眞實的，什麼是虛妄的，什麼是永恒的，什麼是短暫的。就能歸根復命，返本還源，抱樸歸眞。河上公本作「歸根第十六」。

zhì xū jí shǒu jìng dǔ wàn wù bìng zuò wú yǐ guān fù fú wù
致虛極，守靜篤①，萬物並作②，吾以觀復③。夫物

yún yún gè fù guī qí gēn guī gēn yuē jìng shì wèi fù mìng fù mìng yuē
芸芸④，各復歸其根，歸根⑤曰靜，是謂復命⑥。復命曰

cháng　zhī cháng yuē míng　bù zhī cháng　wàng zuò xiōng　zhī cháng róng　róng
常⑦。知常曰明⑧；不知常，妄作凶。知常容⑨，容

nǎi gōng　gōng nǎi wáng　wáng nǎi tiān　tiān nǎi dào　dào nǎi jiǔ　mò shēn bú
乃公⑩，公乃王⑪，王乃天⑫，天乃道，道乃久，沒身不

dài
殆⑬。

【註釋】①致虛極，守靜篤：虛和靜都是形容人的心境空明寧靜的狀態，然而由於攀緣外境，妄起塵勞，受五欲六塵、三毒五蓋的蒙蔽和習染，因此心靈障蔽，真心不見，本性不顯，大道迷失，所以必須「虛極靜篤」，才能復歸大道。極、篤，意爲極度、頂點。這句話意指放空身心、人我兩忘，以致達到萬象咸空、一真在抱的境界。②並作：並：一起。作：生長、發展、衰老、死亡。③復：循環往復。意指觀照萬事萬物的生死流轉、輪回不息。④芸芸：茂盛、紛雜、繁多。此指無窮無盡的萬事萬物，繁衍茂盛之狀。⑤歸根：根指道，歸根即復歸於道。意指渺茫無象、漠漠無狀之大道。⑥復命：復歸本性，重新孕育新的生命。一說指恢復人的本性，回到自己的內在主體，即「天人合一」。邵雍云：「冬至子之半，天根理極微。一陽初動處，萬物始生時。」此即萬物返本、天地來復之機。⑦常：指萬物運動變化的永恒規律，即常道。⑧明：即明悟、了悟之意。⑨容：寬容、包容。即常道空虛無象，無不含容，無不運載。⑩公：即至公無私、一視同仁之意。⑪王：一說爲「全」之誤。⑫天：即天道自然之意。⑬殆：危險。

【譯文】神定氣和，絕思忘慮，放空身心、人我兩忘，當達到萬象咸空、一真在抱的境界之時，就能夠體悟和明察到宇宙人

生、天地萬物的運行規律。萬事萬物都遵循著這個規律，從生到死，從死到生，生生死死，死死生生，生死不已，循環往復以至於無窮。大千世界，芸芸眾生，無不歸結到大道這一根源，復歸於大道就能湛然常寂，湛然常寂就能萬物反本，天地來復。一陽初發，萬物復生就是生命萬物之常道，能知常道，就能明悟大道。不明悟生命萬物的常道就會輕舉妄動，以致招災惹咎。了悟了生命的常道就會無不含容，無不含容就會至公無私，至公無私就能仁民愛物，爲萬民之王，能爲萬民之王，體天地而立極，合萬物以同源即是天道，德與天通，與道合同。與道合同，即使身體隕滅了，元神不死，與道合一。

第十七章

【題解】 大道演化，周而復始，窮久不息。老子在這一章就向人們闡述了治國者，隨著大道的演化，從有道之君到無道昏君，漸次失離大道，悖道逆德，漸行漸遠的進程。大道廢，有仁義。君主失離了至眞至仁的大道，才會次第流轉，歷史的車輪愈行愈遠。所謂「失道而後德，失德而後仁，失仁而後義，失義而後禮。」

上古之君以道治民，熙熙皞皞，無心而自化；其次，世風愈降，大道愈乖，皇降爲帝，帝降爲王，有意以施仁；其次，大道愈偷，王降爲霸，禮教盛行，政刑嚴峻，其次，禍國殃民，造孽作亂。

老子慈悲心切，道心化世，他呼籲和希冀人類重歸大道，無爲治世。只有以道修身，以身率道，「處無爲之事，行不言之教」方可化解人類一切的危機和矛盾，而臻於郅治。河上公本作「淳風第十七」。

tài shàng　xià　zhī yǒu zhī　qí cì　qīn ér yù　zhī　qí cì　wèi
太上①，下②知有之；其次，親而譽③之；其次，畏④

zhī qí cì wǔ zhī xìn bù zú yān yǒu bú xìn yān yōu xī qí guì
之；其次，侮⑤之。信不足焉，有不信焉。悠兮⑥其貴

yán gōngchéng shì suì bǎi xìng jiē wèi wǒ zì rán
言⑦，功成事遂，百姓皆謂我自然⑧。

【註釋】①太上：最上，最高。即上古有道之君。②下：臣下，百姓，群眾。即上古淳風治下的百姓。一說「下」爲「不」之誤，意爲百姓不知有君上。③譽：稱讚，讚美。④畏：害怕，畏懼。⑤侮：侮辱，使受辱。⑥悠兮：悠閒自在的樣子。意指天下太平，君王安閒自適。可參看《論語·衛靈公》：「子曰：『無爲而治者，其舜也與？夫何爲哉？恭己正南面而已。』」⑦貴言：指不輕易發號施令。即意指上古有道之君，「處無爲之事，行不言之教。」⑧我自然：認爲自己本來就如此。與老子所提「上德不德，是以有德」相應。可參看《帝王世紀》：「天下太和，百姓無事，有五老人擊壤於道，觀者嘆曰：大哉堯之德也！老人曰：『日出而作，日入而息。鑿井而飲，耕田而食。帝力於我何有哉？』」

【譯文】上古之時，有道之君，順乎自然，無心自化，百姓僅僅知道有上古帝君的存在而已；次一等的，世風愈降，大道愈乖，皇降爲帝，帝降爲王，有意以施仁。保民如保赤子，愛民如愛家人，百姓黎民感恩戴德，親近稱譽他；更次一等的，大道愈偷，王降爲霸，禮教盛行，政刑嚴峻，法令苛刻，百姓心生畏懼，不敢犯法違令。最下等的，禍國殃民，造孽作亂。百姓受辱受難，忍辱偷生。所以，在上位者誠信不足，在下位者就會同樣以不信來欺騙君王，上下相欺相詐，而禍亂無盡。上古之世，熙熙皞皞，處無爲之事，行不言之教，群臣各盡其職，百姓相安無事，功業成就，天下安泰，百姓都認爲我本來就是這樣。

第十八章

【題解】這一章是對前一章的進一步論述和補充。老子指出，人類一旦迷失了宇宙人生的根本，丟棄了至仁至眞的無爲大道，就會進入有爲的狀態。凡是一切有爲的形式和方法都是辯證的對立與統一，利弊兼具，善惡同在，都無法從根本上解決人類面臨的困惑和危機。只有返歸大道，才能使人類臻於大同，天下一家。河上公本作「俗薄第十八」。

dà dào fèi　yǒu rén yì　zhì huì chū　yǒu dà wěi　liù qīn bù
大道廢①，有仁義；智慧出，有大僞②；六親③不
hé　yǒu xiào cí　guó jiā hūn luàn　yǒu zhōng chén
和，有孝慈；國家昏亂④，有忠臣。

【註釋】①廢：丟失，廢棄。②僞：虛僞，欺詐。③六親：古指父、母、兄、弟、妻、子；泛指宗親、家屬。④昏亂：指國家昏庸無道，社會動亂。

【譯文】當皇風日降，大道愈衰，君王兢兢業業，不敢荒怠，有意以施仁政，保民如保赤子，愛民如愛家人；當世俗愈乖，人心彌壞，推智崇巧，上下君臣，爾虞我詐，篡權亂國，所以詐爲橫生，禍亂不息；父慈子孝，本是天經地義，人倫大道。當人心各異，父子生嫌，兄弟不睦，夫婦乖離時，就要提倡孝慈，表彰仁愛，賴以風化世俗，以正天下；當骨肉相摧，君臣交質，禍亂叢生之際，就要凸顯忠臣義士，賴以力挽狂瀾、匡扶社稷、濟世安民。

第十九章

【題解】上一章闡述人們迷失大道之後，才會禍亂叢生，動亂不已，不得不以相對的治理之道，如仁義、孝慈、忠臣等來濟世安民。這一章重在闡述只有復歸大道，才能從根本上解決人類社會出現的困惑和矛盾，才能反亂爲治，重新回到以道治國，無爲而治的大同社會。而復歸大道的方法就是「見素抱樸，少私寡欲」。河上公本作「還淳第十九」。

jué shèng qì zhì mín lì bǎi bèi jué rén qì yì mín fù xiào cí
絶①聖棄②智，民利③百倍；絶仁棄義，民復孝慈；
jué qiǎo qì lì dào zéi wú yǒu cǐ sān zhě yǐ wéi wén bù zú gù lìng
絶巧④棄利，盜賊無有。此三者⑤，以爲文⑥不足。故令
yǒu suǒ shǔ xiàn sù bào pǔ shǎo sī guǎ yù
有所屬⑦。見素抱樸⑧，少私寡欲。

【註釋】①絶：斷，斷絶。②棄：扔掉，拋棄。③利：利益。意指百姓受益。④巧：虛浮不實，僞詐。⑤此三者：意指絶棄聖智、絶棄仁義、

絕棄巧利。⑥文：條文、法則。意指表面上，淺層的外在形式上。⑦屬：歸屬、適從。這裏爲下句所指。⑧見素抱樸：素：沒有染色的生絲。這裏比喻質樸純潔、高尚的人。見素即指抱素守真，不尚文飾。樸：沒有雕琢的原木。抱樸，即指抱守質樸，以化下民。句意爲令百姓渾噩淳厚，率性至真，復歸大道之初熙熙皞皞、無私無欲的古樸風俗。

【譯文】拋棄聰明睿智，君王大智若愚，順乎自然之道，行乎無爲之政，百姓淳樸敦厚，社會受益不僅僅是百倍而已；拋棄仁恩義舉，不彰顯仁義道德，君王大仁若忍，以仁愛之心、慈良之性，任天而動，率性以行，百姓受到感化，做兒子的自會孝敬父母，做父母的自會慈愛兒女；拋棄巧詐和貨利，君王大巧若拙，因勢利導，順勢而爲，正義不謀利，明道不計功，（老百姓猶如風下之草，水之流下，火之炎上，必會所向披靡）百姓受德化淳厚，自然會沒有盜賊出來妄作非爲。之所以拋棄「聖智、仁義、巧利」這三者，因爲它們只能從表面上對治世起到一定的效用，而不能從根本實質上徹底根除社會弊病，易風化俗。因此，一定要從根本上來解決，君王要以身率道，黜華崇實，抱樸守真，少欲知足，大公無私，這樣百姓受到風化，就會渾噩淳厚，率性至真，復歸大道之初熙熙皞皞、無私無欲的古樸民風。

第二十章

【題解】上一章老子用「見素抱樸，少私寡欲」指出了人們復歸大道、和合大同的方法。在此章之中，他著重闡述了道心與人心、內求與外求、合道與離道、覺與迷、聖與凡的差別。

人心惟危，道心惟微，聖凡一念之間，惟狂克念作聖，惟聖罔念成狂，差之毫釐，謬以千里。佛家謂「狂心若歇，歇即菩提。」儒家謂「操則存，捨則亡；出入無時，莫知其鄉」亦是同理。因此凡人存心養性，莫見乎隱，莫顯乎微，夕惕若厲，戰戰兢兢，如臨深淵，如履薄冰，朝斯夕斯，念茲在茲，身不離道，道不離身。

老子慈悲心切，苦口婆心，他殷切地希望人們能放棄對世俗人欲、物欲的追逐和貪求，回歸到內在眞我的寧靜、自在與超脫，返本還源，抱樸歸眞，合於大道。河上公本作「異俗第二十」。

jué xué wú yōu　wéi zhī yǔ ē　xiāng qù jǐ hé　shàn zhī yǔ è
絕學無憂①。唯之與阿②，相去幾何？善之與惡③，

xiāng qù ruò hé　rén zhī suǒ wèi　bù kě bú wèi　huāng xī　qí wèi yāng zāi
相去若何？人之所畏④，不可不畏。荒兮⑤其未央哉！

zhòng rén xī xī rú xiǎng tài láo rú chūn dēng tái wǒ dú bó xī qí
眾人熙熙⑥，如享太牢⑦，如春登臺⑧。我⑨獨泊⑩兮其
wèi zhào rú yīng ér zhī wèi ké lěi lěi xī ruò wú suǒ guī zhòng rén jiē
未兆⑪，如嬰兒之未孩⑫；儽儽⑬兮，若無所歸。眾人皆
yǒu yú ér wǒ dú ruò yí wǒ yú rén zhī xīn yě zāi dùn dùn xī
有餘⑭，而我獨若遺⑮。我愚人⑯之心也哉！沌沌兮⑰，
sú rén zhāo zhāo wǒ dú hūn hūn sú rén chá chá wǒ dú mèn mèn dàn
俗人昭昭⑱，我獨昏昏⑲。俗人察察⑳，我獨悶悶㉑。澹
xī qí ruò hǎi liù xī ruò wú zhǐ zhòng rén jiē yǒu yǐ ér wǒ dú wán sì
兮㉒其若海，飂兮㉓若無止。眾人皆有以㉔，而我獨頑似
bǐ wǒ dú yì yú rén ér guì sì mǔ
鄙㉕。我獨異於人，而貴食母㉖。

【註釋】①絶學無憂：一說此句放在上一章，與前句「見素抱樸，少私寡欲」並列。此句意，或爲絶棄仁義聖智之學沒有憂慮。或爲廢棄學技益能之事，絶止思慮之心。或爲聖人造詣，大道原旨，純是一腔生意，融融泄泄，無慮無思。本書依後者釋義。絶學，即聖人無上大道。無憂，意爲大道活潑潑，不勉而中，不思而得，從容中道，從心所欲，無憂無慮，清淨自在。②唯之與阿：唯，恭敬地答應，順意地應諾；阿，當作「呵」，意指違逆地呵責，叱責。③善之與惡：善，一本作美，惡作醜解。即美醜、善惡。④畏：懼怕、畏懼。⑤荒兮：廣漠、遙遠的樣子。意指渾渾茫茫的鴻蒙混沌之時。⑥熙熙：熙，和樂，用以形容縱情奔欲、興高采烈的情狀。⑦享太牢：太牢，指古代祭祀，牛羊豕三牲具備謂之太牢。此句意指飢渴的心念不能滿足，欲想參加豐盛的宴席。⑧如春登臺：好似在春天裏登臺眺望。意指人的情志放逸，意念駘蕩。⑨我：可以將此「我」理解爲老子自稱，也可理解爲體道之聖人。⑩泊：淡泊、恬靜。⑪未兆：沒有徵兆、沒有預感和跡象，意指沒有任何情感欲望的表露，不動心，不動性，自在安然。⑫孩：同「咳」，即嬰兒的笑聲。意指初生的嬰

兒，一團元氣渾然在抱，無欲無求，蒙昧無知，不能咳笑。⑬儽儽：形容憔悴頹喪的樣子。⑭有餘：有豐盛的財貨。意指眾人有多餘的財貨，正是滋生了奢侈之心。⑮遺：指遺棄、不足之意。⑯愚人：形容有道之人，與世俗之人不同，純樸直率，守道不移，無巧無智，好似愚昧的傻子一樣。⑰沌沌兮：形容渾然淳厚，好像愚昧無知、混沌不明的樣子。⑱昭昭：智巧光耀的樣子。意爲明白通達，無事不詳。⑲昏昏：愚鈍暗昧的樣子。意爲昏沉暗昧，無所用心。⑳察察：形容詳視明察、清晰明了，好似無所不知的樣子。㉑悶悶：形容純樸誠實、愚昧渾噩，好似蒙昧無知的樣子。㉒澹兮：形容遼遠廣闊、浩蕩渺茫的樣子。㉓飂兮：急風。㉔有以：有用、有爲，有本領。指以某爲自己的意識，以某爲自己的地位，以某爲自己的名聲威望，以某爲自己的利益，以這些來彰顯自己的典雅高貴。可參看「名與身孰親？身與貨孰多？得與亡孰病？甚愛必大費」來理解。㉕頑似鄙：形容愚陋、笨拙。㉖貴食母：母用以比喻「道」，道是生育天地萬物之母。此句意爲以守道爲貴。老子把「道」喻爲「母」，即如小兒在母親的懷中吮吸母乳，無欲無求，安詳恬靜，是人淳真本性的彰顯和自然流露，寄托了令世人擺脫私欲，重返初始純樸之自然真性的希冀。

【譯文】聖人無上大道，活潑潑，自自然，從心所欲，無憂無慮，清淨自在。恭敬地應諾與怠慢地呵斥，相去究竟有多遠呢？美醜、善惡又相差多少呢？（誠敬與放肆、美與醜、善與惡、聖與凡都在一念之間，人心惟危，道心惟微，惟狂克念作聖，惟聖罔念成狂，差之毫釐，謬以千里。）

人們都有所畏懼，夕惕若厲，戰戰兢兢，如臨深淵，如履薄冰，我怎麼能不畏懼呢？善與惡，誠與僞之間的微妙差異，亘古以來，便是這樣，把握住就會道不離身，放逸了，就會失身於道，人欲與道心的博弈，善與惡的較量，自始至終便是如此，永遠都沒有盡頭。世俗之人都縱情多欲，心欲難以滿足，如同去參加豐盛的宴席，飢渴的心思按捺不住，如同是春天裏登臺眺望美景，心意駘蕩，情志放逸。

而只有體道的聖人能夠淡泊無欲，漠然不求，不動心，不動性，沒有絲毫情感欲望的流露。他們如同是剛剛入胎的嬰兒，一團元氣渾然在抱，無欲無求，蒙昧無知，還不會發出嘻笑之聲。憔悴頹喪啊，好像浪子還沒有歸宿。世人都擁有豐盛的財貨，而我卻遺世而獨立，好像什麼也不足一樣。

體道聖人澄清心慮，退藏於密，反有爲而入無爲，大智若愚，守道不移，看似像一個昏沉迷惑、蒙昧無知的愚人。混混沌沌啊，世俗之人看似通達明了，無事不詳，體道聖人卻看似愚鈍暗昧一無所知；世俗之人看似明白了達，無所不知，體道聖人卻看似渾噩淳厚一無所明。恍惚浩渺啊，像浩浩蕩蕩的大海，晝夜不息，萬象含容，無人知其窮極；駘蕩飄飄啊，像行雲流水一樣居無定所。

世俗之人都精明靈巧有所作爲，唯獨體道聖人而不通世事。唯獨聖人與人不同，他貴在抱道守一，以身體道。

第二十一章

【題解】本書第一章起，老子就提出了「道」是宇宙人生、天地萬物的本原。到了這一章才詳細地闡述道的境界，或謂修道之人的境界。有道之人虛極靜篤，他便會察覺到萬物萬象都是恍恍惚惚，似有非有，似無非無，卽有卽無，非有非無，一切相都在恍惚之中。心物一元，體用一如，通過有形有相的萬物來認知和體悟大道的規律，以大道運化不息的規律來承載和化生萬物。河上公本作「虛心第二十 ·」。

kǒng dé zhī róng wéi dào shì cóng dào zhī wéi wù wéi huǎng wéi
孔①德②之容③，惟道是從。道之爲物，惟恍惟
hū hū xī huǎng xī qí zhōng yǒu xiàng huǎng xī hū xī qí zhōng yǒu
惚④。惚兮恍兮，其中有象⑤；恍兮惚兮，其中有
wù yǎo xī míng xī qí zhōng yǒu jīng qí jīng shèn zhēn qí zhōng yǒu
物⑥。窈兮冥兮⑦，其中有精⑧。其精甚真，其中有
xìn zì gǔ jí jīn qí míng bú qù yǐ yuè zhòng fǔ wú hé yǐ zhī
信⑨。自古及今，其名⑩不去，以閱衆甫⑪，吾何以知
zhòng fǔ zhī zhuàng zāi yǐ cǐ
衆甫之狀哉！以此⑫。

【註釋】①孔：甚，大。②德：「道」的顯現和作用爲「德」。③容：運作、形態。④恍惚：即指似有非有，似無非無，即有即無，非有非無之狀。⑤象：指在虛極靜篤之中，惚兮似無，恍兮似有，出現的離開身體的性光，又叫本性靈光，它是人的真性，是人的本來面目，宇宙的本質。性光不在陰陽的範疇，它是陰陽之祖，是陰陽的根源，常態下，它深藏在人體內，要靠修煉才能顯現。⑥物：指在虛極靜篤之中，神光下照，恍兮若有覺，惚兮若無知，此時真陽發動。⑦窈兮冥兮：窈，深遠，微不可見。冥，暗昧，深不可測。⑧精：即真一之精，萬物初發之時本能的一種生機，是初始發生天地萬物的一點真精。⑨信：信實、信驗，真實可信。⑩名：指具體事物內在運行的規律，即支配運載事物的「道」。⑪眾甫：甫與父通，引伸爲始。即天地萬物的初始。⑫以此：此指道。

【譯文】天地萬物運作發展的形態、規律和功用，都是依從於大道，由大道而決定的。道之生育天地萬物，都是在恍恍惚惚，似有非有，似無非無，即有即無，非有非無之中產生的。

如同一個修道之人，在虛極靜篤之中，他的性光惚兮似無，恍兮似有，便離開身體。當他用性光下照之時，恍兮若有覺，惚兮若無知，就是真陽初動之機。當杳杳冥冥，不知其極之時，那個生天生地生育萬物的真一之精便發動了。這個真精是有徵驗的，真精生發之時，骨軟筋酥，遍體陽和，溶溶似冰泮，浩浩如潮生。

從鴻蒙初分，久遠以來，一直到現在，甚至無窮無盡的未來際，各個有形有相的具體事物，都是受道的主宰和支配的。修道之人，再去普遍地觀察天地萬物初生之時的狀態，真一之精發動了，然後才有生發的氣象。無一不是這一點元精成形成相生天生地，化育萬物。有道之士是怎麼知道天地萬物初始的情狀呢？他就是通過虛極靜篤，真精生發，骨軟筋酥，遍體陽和，溶溶似冰泮，浩浩如潮生的這種景象得知的。

第二十二章

【題解】本章是老子對其第二章所闡述的樸素自然辯證法的進一步深化和解說。一切的事物都是辯證的對立統一，大道是心物一元，體用不二，色空一如。因此，人們要認知到什麼事物都是相反相成、相互轉化的，只有認知了大道的本體，掌握了大道的妙用，才能常守中道，抱樸守一，沒身不殆。河上公本作「益謙第二十二」。

qū zé quán wǎng zé zhí wā zé yíng bì zé xīn shǎo zé
曲①則全②，枉則直③，窪則盈④，弊則新⑤，少則
dé duō zé huò shì yǐ shèng rén bào yī wéi tiān xià shì bú zì xiàn
得，多則惑⑥。是以聖人抱一⑦為天下式⑧。不自見⑨，
gù míng bú zì shì gù zhāng bú zì fá gù yǒu gōng bú zì jīn
故明⑩；不自是，故彰⑪；不自伐⑫，故有功；不自矜⑬，
gù cháng fú wéi bù zhēng gù tiān xià mò néng yǔ zhī zhēng gǔ zhī suǒ wèi qū zé
故長⑭。夫唯不爭，故天下莫能與之爭。古之所謂曲則
quán zhě qǐ xū yán zāi chéng quán ér guī zhī
全者，豈虛言哉！誠全⑮而歸之⑯。

【註釋】①曲：委屈。曲意遷就的意思。②全：完備，完整。③枉則直：枉，屈、彎曲。意爲曲己從人，則道可得伸。④窪則盈：窪，低窪。盈，滿。即指地低窪水流入，意爲人謙卑處下，德行就會深厚。⑤弊則新：弊，通「敝」。凋敝，破舊，破損。指自己受弊薄，先人後己，就會自新。⑥惑：困惑。⑦抱一：抱，守。一，即道。此意爲守道。⑧式：範式，榜樣。⑨見：通「現」，顯現。⑩明：明智通達。⑪彰：彰顯，彰明。⑫伐：自吹自擂，誇耀自己。⑬矜：自誇，自恃。⑭長：長久。⑮誠全：即全受全歸，意爲確確實實能夠返歸大道。⑯歸之：回歸大道。

【譯文】曲己從眾，就能保全自身；屈己伸人，久久就會得正氣常伸；低窪便會充盈，做人謙卑處下，就能德行深厚；自己甘受鄙薄敝陋，久久就會自新；天道佑謙，神明托虛，自己貪欲越少，得到的自由也就越多；多貪財貨就會迷惑，而成爲財貨的奴隸。因此，有道之人抱樸守真，守性不移，作爲天下人效法的榜樣。不表明個人主觀的立場和看法，而是通過大道的法則來顯現，所以對事物能看得分明；不自以爲是而否定他人，而是遵循客觀事實的道理來言明，所以對是非判得很清楚；不自我誇耀，反而能有所功勞；不自高自大，反而能長久不危。因爲不與任何人爭，而是順乎自然，讓每個人都各行其道，所以遍天下沒有人能夠與他爭。古時所謂「委曲便會保全」的話，怎麼會是空話呢？抱樸守一實實在在能夠全受全歸以返其大道。

第二十三章

【題解】 老子在前面幾章已多次闡明「行不言之教」「悠兮其貴言」「多言數窮」等類似的話，本章一開始就闡述了「希言自然」的道理。這一章和十七章都是相對應的，都是在告誡統治者不要施行暴政，要行無爲之政。所謂同聲相應、同氣相求，物類相從，辯證統一，身修則國治，以身率道，清靜無爲，自然百姓和樂，天下安和。凡是一切違逆自然之道的，很快便會夭亡。河上公本作「虛無第二十三」。

希(xī)言(yán)①自(zì)然(rán)。故(gù)飄(piāo)風(fēng)②不(bù)終(zhōng)朝(zhāo)，驟(zhòu)雨(yǔ)③不(bù)終(zhōng)日(rì)。孰(shú)爲(wéi)此(cǐ)者(zhě)？天(tiān)地(dì)。天(tiān)地(dì)尚(shàng)不(bù)能(néng)久(jiǔ)，而(ér)況(kuàng)於(yú)人(rén)乎(hū)？故(gù)從(cóng)事(shì)於(yú)道(dào)者(zhě)④，道(dào)者(zhě)同(tóng)於(yú)道(dào)；德(dé)者(zhě)同(tóng)於(yú)德(dé)；失(shī)⑤者(zhě)同(tóng)於(yú)失(shī)。同(tóng)於(yú)道(dào)者(zhě)，道(dào)亦(yì)樂(lè)得(dé)之(zhī)；同(tóng)於(yú)德(dé)者(zhě)，德(dé)亦(yì)樂(lè)得(dé)之(zhī)；同(tóng)於(yú)失(shī)者(zhě)，失(shī)亦(yì)樂(lè)得(dé)之(zhī)。信(xìn)不(bù)足(zú)焉(yān)，有(yǒu)不(bú)信(xìn)焉(yān)。

【註釋】①希言：字面意思是少說話。此處指道本無聲無息，無作無爲。②飄風：旋風，暴風。③驟雨：大雨、暴雨。④從事於道者：按道辦事的人。此處指統治者施政行教合乎大道，順乎自然。⑤失：指失道或失德。

【譯文】道本無聲無息，無作無爲。狂風雖然強勁，卻刮不了一個早晨，暴雨雖然強急，卻不能整天不停地下。是誰行狂風施暴雨的呢？是天地所爲。天地至神，施行狂風暴雨還不能從朝到暮，更何况人在天地之間，渺如太倉一粟，欲爲暴行怎麼可以呢？所以能夠自覺按照大道的運行規律施政行教的君王，就能夠順乎自然、合於大道；舉動行事能夠體道行德的君王，就會深得民心，合於大德；施行暴政、任意妄爲的君王，就會離失民心，禍國殃民。那些順從自然大道的君王，大道同樣也會佑護他，順從他，使他得民心，安天下；那些仁恩澤被，大愛於天下的有德之君，也同樣會因爲聖德受到天下百姓的擁戴和讚譽；那些任意妄爲、施行暴政的無道昏君，同樣也會因爲自己的任意妄爲、實行暴政而遭到大道的離棄，招致喪邦失國、眾叛親離。君王的誠信不足，天下的百姓也同樣會以不誠信而欺騙君王。

第二十四章

【題解】本章同第二十二章一樣，都是老子對其第二章所闡述的樸素自然辯證法的進一步深化和解說。一切的事物都是辯證的對立統一，大道是心物一元，體用不二，色空一如。所以「企者不立」「跨者不行」「自見者不明」「自是者不彰」「自伐者無功」「自矜者不長」。這些表現及其結果都是相互對立、相互矛盾的。因此，人們最終要認知到什麼事物都是相反相成、相互轉化的，只有認知了大道的本體，掌握了大道的妙用，才能常守中道，故說「有道者不處」。

自今及古，聖人在天下歙歙焉，爲天下渾其心。執守陰陽平衡之道，闡述大道之理，目的就是讓天下大衆認知大道，合道於身，守性不移。河上公本作「苦恩第二十四」。

qǐ zhě bú lì kuà zhě bù xíng zì xiàn zhě bù míng zì shì zhě bù
企[1]者不立；跨[2]者不行；自見者不明；自是者不

zhāng zì fá zhě wú gōng zì jīn zhě bù zhǎng qí zài dào yě yuē yú shí zhuì
彰；自伐者無功；自矜者不長。其在道也，曰餘食贅

xíng wù huò wù zhī gù yǒu dào zhě bù chǔ
行③。物④或惡之，故有道者不處⑤。

【註釋】①企：一本作「跂」，意為舉起腳跟，腳尖著地。一說為進取之意，即指貪權慕名、進取功利者，喻竦身失衡者不能長久。②跨：躍，越過，闊步而行。意指好高爭先，行為不正之人。③贅行：即贅形，多餘的形體，因飽食而使身上長出多餘的肉。意指「企者」「跨者」「自見者」「自是者」「自伐者」「自矜者」貪婪好爭、專橫跋扈、嗜欲極強之人。④物：人物，指眾人。⑤不處：不處於此。意為不會令自己處於這種境地。處，居於、處在。

【譯文】竦身失衡的人，不能長久地站立；叉開兩足跨步而行的人，不能正常地行走；自逞己見的反而得不到彰明；自以為是的反而得不到彰顯；自我誇耀的反而建立不起功勳；自高自大的不能做眾人之長。從根本大道的角度來看，以上這些貪婪功名、好強爭先、自傲自誇、矯揉造作的行為，就好像是殘羹剩飯、贅肉駢枝一樣。這些妄圖能立能行、昭明表彰、功堪動人、長可邁眾的人都是大眾所厭惡的，所以有道之人也絕對不會與之為伍，而自處其中。

第二十五章

【題解】 截止本章，我們對老子對宇宙人生的眞理實相、天地萬物的主宰，卽無爲大道有了幾點基本的認知和瞭解。大道的特徵和內涵，在第一、四、五、六、十四、二十一和本章裏幾乎已經闡述殆盡。此章亦在重申大道的恒久性、普遍性、獨立性、本源性以及它的妙用。

大道具有絕對性、普遍性、恒久性、獨立性、本原性、平等性、抽象性等特性；大道生成天地萬物，是天地之根，萬物之母，宇宙的起源；大道眞空妙有，色空不二，體用一如。

它渾渾默默、浩浩蕩蕩、希夷微妙、幽隱難明；它至虛至實、至無至有、至仁至善、常應常照、清淨平等；它無形無相、無聲無臭，不生不滅，不垢不淨；它無作無爲、無私無欲、無覩無聞、無大無小，無內無外；它空虛無物而無處不在，歷久不衰而無窮無盡。

大道「在太極之先而不爲高，在六極之下而不爲深，先天地生而不爲久，長於上古而不爲老」；大道「有情有信，無爲無形；可傳而不可受，可得而不可見；自本自根，未有天地，自古以固存；神鬼神帝，生天生地。」

在本章裏，老子還提出「道」「人」「天」「地」這四個存在，而「道」爲最貴。大道獨立不改，亘古長存，它運化萬物生生不息，歸根復性，周而復始，無有窮極。河上公本作「象元第二十五」。

有物混成①，先天地生②。寂兮寥兮③，獨立而不改④，周行而不殆⑤，可以爲天下母⑥。吾不知其名，字之曰道⑦。強爲之名曰大⑧。大曰逝⑨，逝曰遠，遠曰反⑩。故道大，天大，地大，王亦大。域中⑪有四大，而王居其一焉。人法⑫地，地法天，天法道，道法自然⑬。

【註釋】①有物混成：指「道」。混成：混然而成，即渾樸的狀態。意爲大道渾渾默默、浩浩蕩蕩、希夷微妙、幽隱難明。大道創生萬物恢宏廣大而混沌不明，它無形無相，而又無名無姓，幽隱玄妙，恍惚不明。②先天地生：即指大道先天地便已經存在。可參看《莊子·內篇·大宗師》：「在太極之先而不爲高，在六極之下而不爲深，先天地生而不爲久，長於上古而不爲老。」③寂兮寥兮：寂，寂靜，無聲無息。寥，寥廓，空虛廣大。即指大道無聲無臭、無形無相之特徵。④獨立而不改：獨立，無疋配。不改，運化有常。形容大道的絕對性、獨立性和恒久性。⑤周行而不殆：周行，循環運行。不殆：不息之意。意指道之運化雖然周遍萬物而通達古今，卻始終永不停息地運作。⑥天下母：母，即指「道」，天地萬物皆由大道創生，故稱「母」。⑦字之曰道：稱呼其名爲「道」。⑧大：形容大道空虛無物而無處不在，歷久不衰而無窮無盡。它包天裹地、無不含容，無不運載。⑨逝：指大道的運行周流不息，居無定所、永不停止的狀態。⑩反：同「返」，意爲歸根復性，復歸大道之原狀。⑪域中：即空間之中，宇宙之間。⑫法：效法。⑬道法自然：即大道無爲自化，自然而然。

【譯文】在鴻蒙未開，天地未兆之前，大道渾然一氣，渾淪磅礴，浩蕩彌綸，希夷微妙、幽隱難明。它渾然而成，先天地生。它無聲無臭、無形無相、無覩無聞，自一動而開天地、分陰陽、化四象、運五形，無物不有，無時不在，孑然獨立，渾然中處。它運生萬物，歷久不衰，生生不已，化化無窮，自從混沌以來以至於今，它不改常度，一氣周流，遍通法界，開闔自如，無有窮極。它雖然千變萬化，層出不窮，但萬事萬物沒有不是從此誕生的，所以稱它爲天地萬物之母。

大道渾渾默默、浩浩蕩蕩、至顯至微、至虛至實，它無形無相、無聲無臭，浩無窮極，渺無蹤影。我不知道大道的名姓，因爲看到它是天地萬物共由之路、公通之端，就稱呼它爲「道」。因爲它彌綸天地、量周沙界、無不含容、無不運載、浩浩渺渺、無有窮極，就勉強稱其名爲「大」。又因爲它運化萬物，生生不息，空虛無物而無處不在，歷久不衰而無有窮極。它變化神通，悠遠難測，所以又稱其「遠」。它變極而通、窮極而反，宛轉流通、循環不已，最終還是歸根復性，返歸大道的本初，所以稱其「返」。

大道包羅天地，無不含容，所以道最大。道之外，惟有天無所不覆，所以道外天最大。天之外，惟有地無所不載，所以天外地最大。地之外，惟有王管理河山，統轄人物，無所不制，所以地外王最大。宇宙之間有四大，而王占據其一。

但是大地承載萬物，所以王管理河山、統轄人物就要效倣大地的貞靜柔和，勞而不怨，爲而不恃。而大地爲天所覆蓋，所以大地就要效法天的施不求報，長養萬物。然而道無爲而自化，無作而物成，所以天就要效法大道的任運自然，無作無爲。

第二十六章

【題解】老子在第二章中提出了樸素的自然辯證法，舉出了美醜、善惡、有無難易、長短、高下、音聲、前後這些範疇。在第十三章中他又提出了寵辱的概念，在本章中，他進一步提出了動靜、輕重的範疇。老子論述到，重是輕的根本，靜是動的主宰。作爲萬乘之國的君王，應當保身重命，不要被世俗功名利祿、聲色貨利這些虛華不實的身外之物所誘惑，從而失去生命的根本，而輕浮無根。不要被世間恣情縱欲的嗜欲之情所干擾，從而失去心性的主宰，而躁動不安。告誡君王必須處虛守靜，無私無欲，超然物外而晏然自處。河上公本作「重德第二十六」。

zhòng wéi qīng gēn jìng wéi zào jūn shì yǐ shèng rén zhōng rì xíng bù lí zī
重爲輕根①，靜爲躁君②。是以聖人終日行不離輜

zhòng suī yǒu róng guàn yàn chǔ chāo rán nài hé wàn shèng zhī zhǔ ér
重③。雖有榮觀④，燕處超然⑤。奈何萬乘之主⑥，而

yǐ shēn qīng tiān xià qīng zé shī běn zào zé shī jūn
以身輕天下⑦？輕則失本⑧，躁則失君⑨。

【註釋】①重爲輕根：重，穩重，厚重，此指身命。輕，輕浮，此指身外之物，即功名利祿、聲色貨利等。根，根本，根源。②靜爲躁君：靜，虛靜無爲，此指心性、本性。躁，動，此指嗜欲之情。君，主宰。③輜重：古代指軍中載運器械、糧食的車輛。這裏指不脫離賴以生存的基礎，意即重身保命，守性不離。④榮觀：指繁華而漂亮的宮闕，這裏喻指富貴優越的生活。⑤燕處：燕，安靜，安閒。形容安然而處，不爲所動。燕處亦作「晏處」即安然自處。⑥萬乘之主：乘指車子的數量。「萬乘」指擁有兵車萬輛的大國，古時一車四馬爲一乘。周制，天子地方千里，能出兵車萬乘，因以「萬乘」指一國之君。⑦以身輕天下：意指君王治天下而輕視自己的生命，恣情縱欲傷身害命。⑧輕則失本：輕浮縱欲，則失治身之根。⑨躁則失君：躁動不安，則失心性之本。

【譯文】重是輕的根本，靜是動的主宰。因此聖人整日前行片刻不離開箱包行李。即使有富裕的生活，依舊安然自處超脫物外。但是，怎麼可以讓一個萬乘大國的君主，竟然爲了身外之物而不惜戕害自己的心性與身命，連天下國家都不顧了呢？輕浮縱欲就會失去身命的根本，浮躁妄動就會迷失心性的主宰。

第二十七章

【題解】本章是對大道無爲自化，自然而然的進一步引申和闡述。這裏所謂的「善」非世俗之善，而是大道無作無爲的印證和解說。老子所謂「善行」「善言」「善數」「善閉」「善結」都是指體道聖人以身率道的表徵。體道之聖人，求己不求人，所行所言，所施所爲，無爲不通，隨在皆當，內無歉於己，外無惡於人。他立己立人，人無遺類，成己成物，物無棄材；他見善則遷，有過則改，返觀內省，自化化人。

大道任運自化，渾然樸拙，不加一點人爲，所以我們要不自見、不自是、不自伐、不自矜；大道無善無惡、無是無非，至仁至善，至虛至實，所以我們要效法聖人，不偏不倚，常守中道。河上公本作「巧用第二十七」。

shànxíng wú zhé jì　shàn yán　wú xiá zhé　shàn shǔ　bú yòng chóu cè

善行無轍跡①，善言②無瑕謫③；善數④不用籌策⑤；

shàn bì wú guān jiàn ér bù kě kāi shàn jié wú shéng yuē ér bù kě jiě shì yǐ
善閉無關楗⑥而不可開；善結無繩約⑦而不可解。是以
shèng rén cháng shàn jiù rén gù wú qì rén cháng shàn jiù wù gù wú qì wù
聖人常善救人，故無棄人；常善救物，故無棄物。
shì wèi xí míng gù shàn rén zhě bú shàn rén zhī shī bú shàn rén zhě shàn rén
是謂襲明⑧。故善人者，不善人之師；不善人者，善人
zhī zī bú guì qí shī bú ài qí zī suī zhì dà mí shì wèi yào miào
之資⑨。不貴其師，不愛其資，雖智大迷，是謂要妙⑩。

【註釋】①轍跡：意指行走時留下的痕跡。車行稱轍，步行稱跡。②善言：指善於採用不言之教。③瑕謫：過失、毛病、差錯。瑕，疵過。謫，譴責。④數：計算。⑤籌策：古時人們用作計算的器具，即竹碼子。⑥關楗：關門的木閂、栓梢。橫的叫關，豎的叫楗。⑦繩約：繩索。約，指用繩捆物。⑧襲明：襲，因循，因襲。意指了了明知，時時事事都循乎大道。⑨資：取資、借鑒的意思。⑩要妙：精要玄妙，深遠奧秘。此指大道。

【譯文】聖人做事，當做則做，當止則止，他所做之事不留一點痕跡；聖人發言，當言則言，當止則止，所言恰到好處，不會使自己受辱，也不會使他人貽羞；聖人計算事物，揆之以理，察之以情，順理而施，如情而止，宜多則多，當少則少，根本用不著竹碼子；聖人斷絕外緣，息滅情欲，精神內守，真氣不散，一念不生，雖然沒有栓梢，但沒有人能夠使他動心亂性；聖人神氣相依，身心合一，心性不動，如如自在，事事無礙，雖然沒有繩索的捆縛，但沒有人能夠分解的開。

聖人立己立人，己達達人，所以人無遺類，咸登善域；聖人仁

人愛物，成己成物，所以物無棄材，物盡其用。這就是聖人自己明白了大道，又推己及人，使人人都明悟大道。

善人渾然忘我，不善之人受到感化就尊他爲師；不善之人，善人見到之後，引以爲戒，有則改之，無則加勉。如果自恃其才，自逞其能，見到善人不知道把他奉爲楷模，見到惡人，不知道引以爲戒，不知道見賢思齊，不賢內省。這樣之人雖然天賦秉性甚好，聰明才智甚高，也是愚昧好自用，卑賤好自專的昏昧之人。所謂的善者尊他爲師，惡者引以爲戒，都是有益助道的要術，善惡雖然不同，但都是歷事煉心的治身之妙道。

第二十八章

【題解】在前面的第二、十九、二十二章中，老子都已經提出了樸素的自然辯證法，要讓人們認知到事物的相反相成相互轉化的道理。

這一章重點闡述「復歸」之道。面對政治動盪、社會混亂、你爭我奪、紛紜擾攘的春秋末年，老子提出了「守雌、守黑、守辱」的處世原則。統以上諸章可知，只要人們能夠「不自見，不自是，不自伐，不自矜」「虛其心，實其腹，弱其志，強其骨」「見素抱樸，少私寡欲」「專氣致柔，虛極靜篤」「敦兮其若樸，如嬰兒之未孩」就會「歸根復命」，「復歸於嬰兒」而「貴食母」。

老子強調清靜無爲，無私無欲，如同天性淳厚的嬰兒一樣天眞無邪，重返初始純樸之自然眞性。只要人們順乎自然，合身於道，抱樸守一，就可以返璞歸眞，就可以反亂爲治，重新回到以道治國、無爲而治的大同社會。河上公本作「反樸第二十八」。

zhī qí xióng shǒu qí cí wéi tiān xià xī wéi tiān xià xī cháng
知其雄①，守其雌②，爲天下谿③。爲天下谿，常
dé bù lí fù guī yú yīng ér zhī qí bái shǒu qí hēi wéi tiān xià
德不離，復歸於嬰兒④。知其白⑤，守其黑⑥，爲天下
shì wéi tiān xià shì cháng dé bú tè fù guī yú wú jí zhī qí róng
式⑦。爲天下式，常德不忒⑧，復歸於無極⑨。知其榮，
shǒu qí rǔ wéi tiān xià gǔ wéi tiān xià gǔ cháng dé nǎi zú fù guī yú pǔ
守其辱，爲天下谷⑩。爲天下谷，常德乃足，復歸於樸⑪。
pǔ sàn zé wéi qì shèng rén yòng zhī zé wéi guān zhǎng gù dà zhì bù gē
樸散則爲器⑫，聖人用之，則爲官長⑬，故大制不割⑭。

【註釋】①雄：喻指陽剛之氣，有爲進取之心，爭強取勝之事。②雌：喻指陰柔之性，虛靜無爲，柔弱處下，與世無爭。③谿：溝谿。形容谿谷低深，水流都滙聚到了這裏，此處喻指有德之人天下歸之。④嬰兒：喻指像嬰兒一樣天性淳厚，無私無欲，純真質樸，完全是自然本性的流露。⑤白：比喻昭昭、彰明。⑥黑：比喻暗昧不明，默默無聞。⑦式：法式，楷模。⑧忒：過失、差錯。⑨無極：意爲鴻蒙之初，大道之源。⑩谷：深谷、峽谷，喻指有道之君甘居汙濁卑下之地，猶如水流入深谷一樣，天下所歸。⑪復歸於樸：樸，樸素。指純樸的原始狀態。意指返璞歸真，回到大道之初。⑫器：器物。喻指被質樸原始的大道化生孕育成形形色色的萬物。⑬官長：百官的首長，領導者、管理者。⑭大制不割：制，制御，統御。割，割裂，傷害。意指：有道之君以大道的妙用來統御天下，不假人爲，渾然任運，無所傷害。

【譯文】深知進取有爲，爭強好勝之氣，卻能持守柔弱和順之性。能夠如此，虛靜無爲，柔弱處下，就如同水流入溪谷一樣，虛懷若谷令天下人歸心。如此謙下處卑，就會常德恒在，道不離

身，這樣就能返歸於純真質樸、無私無欲的境界，如同那初生的嬰兒一樣。深知昭然明明，洞察悉見，卻昏昏默默、如癡如愚而無所知見。能夠如此，就可以成爲天下人的楷模。能成爲天下人的楷模，就會無所不通，隨在皆當，不偏不倚，無過無不及，沒有絲毫的偏差，從容中道，返本還源，返璞歸真。深知尊榮富貴的顯耀，卻能虛靜淡泊，安守卑辱賤下，能夠如此，就如同百川入谷一樣，眾望所歸，這樣大德圓滿，就能抱樸歸真，與道合一。

大道空虛無物，樸拙無爲，卻能一本散萬殊，一道生萬有，體道聖人巧妙地運用大道，就能夠成爲百官的首長。所以有道之君統御天下，渾然任運，曲成萬物，沒有絲毫的割裂與傷害。

第二十九章

【題解】 在前面的第三、五、十七、二十三、二十六、二十八章，老子都強調了「無爲而治」的重要性。本章更是通過自然辯證法的相反相成原理，重點闡述執意強求、妄加施爲的危害，面對人欲、物欲橫流，君王銳意進取的社會，他告誡統治者以一己之私欲而任意妄爲，若執意取天下而爲之，都將是自取滅亡。世間無論是人還是物，都有各自的秉性，都要順應自然，因應物性，不可強加人爲。統治者要「去甚、去奢、去泰」，清靜無爲、無私無欲，以道修身，以身率道，自然百姓和樂，天下安泰，這樣才可臻於郅治。河上公本作「無爲第二十九」。

jiāng yù qǔ tiān xià ér wéi zhī wú jiàn qí bù dé yǐ tiān xià shén
將欲取①天下而爲②之，吾見其不得已③。天下神

qì bù kě wéi yě wéi zhě bài zhī zhí zhě shī zhī gù wù huò xíng huò
器④，不可爲也。爲者敗之，執⑤者失之。故物⑥或行或

suí huò xū huò chuī huò qiáng huò léi huò cuò huò huī shì yǐ shèng
隨⑦，或歔⑧或吹⑨，或強或羸⑩，或挫⑪或隳⑫。是以聖

rén qù shèn　　qù shē　　qù tài
人去甚⑬、去奢、去泰⑭。

【註釋】①取：攻取，奪取，攫取。②爲：指有爲，靠強力去做。即有爲而治。③不得已：達不到、得不到。此處意指上不合天道，下不合民心。④天下神器：天下，指天下人。神器，神明之器，神靈之物。代表國家政權的實物，如玉璽、寶鼎之類。借指帝位、政權。意指天下國家是神明之器，應當懷有誠敬之心，只能恭敬和順從，不可任意攫取。⑤執：掌握、執掌。此處有強意把持的意思。⑥物：指人，也指一切事物。⑦隨：跟隨、順從。⑧歔：同「噓」，指輕聲和緩地吐氣。⑨吹：急切地吐氣。⑩羸：羸弱、虛弱。⑪挫：一說作「載」，安穩。一說作「培」，增益。本書依照前者作釋。⑫隳，危險，毀壞。⑬甚：過分，沒有節制。⑭泰：奢侈。河上公注：「甚謂貪淫聲色，奢謂服飾飲食，泰謂宮室臺榭。」

【譯文】誰想要攫取天下，並且按照自己的意願去治理它，這樣上不合天道，下不合民心，我看是行不通的。天下是神明之器，是由大道支配著的，神聖而不可褻瀆，神明而不可輕忽，是不能以個人的好惡強行妄爲的。任意妄爲，廢棄天道，必然會遭遇敗亡，執意攫取，失其本真，必然會喪失天下。萬事萬物都在運化不息，有看似在前卻反而隨後的，有看似緩慢卻反而急促的，有看似剛強卻反而羸弱的，有看似安穩卻反而危殆的。所以明道之君總是循守常道，順乎自然，沒有驕奢淫逸，沒有聲色貨利，沒有縱情嗜欲，無論是治世還是修身都沒有過度的、誇大的、極端的行爲。立身修道無過無不及，從容中道，無爲而自化。

第三十章

【題解】老子接著前一章的論述，闡述了不以眞理正道統御天下所帶來的利弊以及軍事用兵的原則。一旦至眞大道難以維繫，不得已才採取軍事手段鏟除邪惡，使天理周流、萬物衍生。然而「天生烝民，有物有則。民之秉彝，好是懿德」。有戰爭就會有傷亡，有傷亡就會有凶災。因果不虛，禍福無門，戰爭必然也會得到相應的報復。河上公本作「儉武第三十」。

yǐ dào zuǒ rén zhǔ zhě bù yǐ bīng qiáng tiān xià qí shì hǎo
以道佐①人主②者，不以兵③強④天下，其事⑤好⑥

huán shī zhī suǒ chǔ jīng jí shēng yān dà jūn zhī hòu bì yǒu xiōng
還⑦。師⑧之所處⑨，荆棘⑩生焉。大軍⑪之後，必有凶

nián shàn yǒu guǒ ér yǐ bù gǎn yǐ qǔ qiáng guǒ ér wù jīn guǒ ér wù
年⑫。善有果⑬而已，不敢以取強。果而勿矜⑭，果而勿

fá guǒ ér wù jiāo guǒ ér bù dé yǐ guǒ ér wù qiáng wù zhuàng zé lǎo
伐⑮，果而勿驕，果而不得已，果而勿強。物壯則老，

shì wèi bú dào bú dào zǎo yǐ
是謂不道⑯，不道早已。

【註釋】①佐：輔助，幫助。②人主：古代專指一國之主，即帝王。③兵：軍隊。④強：逞強，稱雄。⑤其事：指「兵強天下」之事。⑥好：容易。⑦還：返還，復返。這裏意指報復、償報。⑧師：泛指軍隊。古代軍隊的編制，二千五百人爲一師。⑨處：處所，地方。意指駐紮、交戰的地方。⑩荊棘：泛指山野叢生多刺的灌木。土地荒蕪而荊棘生，此處指土地荒蕪，民不聊生之意。⑪大軍：指重大的軍事行動，殘酷的戰爭殺伐。⑫凶年：荒年。指糧食歉收，百姓饑荒之意。⑬果：目的，結果。⑭矜：自誇，自恃。⑮伐：自吹自擂，誇耀自己。⑯不道：非道。

【譯文】用道來輔佐君主的人，就不會依靠武力稱雄於天下。依靠強大的武力稱雄於天下，很快就會遭到自然的報復。軍隊駐紮、交戰之地，荊棘叢生、土地荒蕪。一場殘酷的戰爭殺伐之後，必會發生饑荒、災禍和混亂。所以擅於運用武力的人，只求消除邪惡，獲得勝利而已，不敢以武力來逞強。捍衛了正義但不自誇，捍衛了正義但不炫耀，捍衛了正義但不自傲。捍衛正義是不得已不去做的，既然消除了邪惡，捍衛了正義就不要逞強。物極必反，事物壯大了，必然都會走向衰敗，這就屬於非道，非道很快就會滅亡。

第三十一章

【題解】 本章接著前一章的論述，爲治世者詳細地指明了對待武力應當持有的正確態度，以及採取武力解決問題的正確方法。警告統治者不可好戰喜兵、窮兵黷武。上天有好生之德，君子治國牧民，應當貴德賤兵、正道化人，以仁愛、慈悲之心消弭戰爭、撫恤萬民。河上公本作「偃武第三十一」。

fú wéi bīng zhě bù xiáng zhī qì wù huò wù zhī gù yǒu dào zhě bù
夫佳兵①者，不祥之器。物②或惡之，故有道者不
chǔ jūn zǐ jū zé guì zuǒ yòng bīng zé guì yòu bīng zhě bù xiáng zhī qì
處③。君子居④則貴⑤左，用兵則貴右。兵者不祥之器，
fēi jūn zǐ zhī qì bù dé yǐ ér yòng zhī tián dàn wéi shàng shèng ér bù měi ér
非君子之器，不得已而用之，恬淡爲上。勝而不美，而
měi zhī zhě shì lè shā rén fú lè shā rén zhě zé bù kě yǐ dé zhì yú tiān
美之者，是樂⑥殺人。夫樂殺人者，則不可以得志⑦於天
xià yǐ jí shì shàng zuǒ xiōng shì shàng yòu piān jiāng jūn jū zuǒ shàng jiāng
下矣。吉事⑧尚左，凶事⑨尚右。偏將軍⑩居左，上將
jūn jū yòu yán yǐ sāng lǐ chǔ zhī shā rén zhī zhòng yǐ āi bēi lì zhī zhàn
軍⑪居右，言⑫以喪禮處之。殺人之眾，以哀悲泣之；戰
shèng yǐ sāng lǐ chǔ zhī
勝，以喪禮處之。

【註釋】①隹：古同「惟」「唯」，發語詞。在楚語中，常與「夫」連用。②物：他人，衆人。③處：接觸，相交。④居：指平時，日常居處。⑤貴：以……爲貴，即崇尚，尊崇。⑥樂：以……爲樂。⑦得志：實現志願。此指治理天下的心願。⑧吉事：吉祥之事。古代指祭祀、冠禮、婚嫁等。⑨凶事：指喪事。⑩偏將軍：系將軍的輔佐，此官制始設於春秋，通常由帝王拜授，也有大將軍拜授的。主管撫恤、調解、議和之事。⑪上將軍：中國古代軍事首領的官名。戰國已有。秦因之，漢不常置，金印紫綬，位次於上卿。職掌爲典京師兵衛，或屯兵邊境。主管征伐、作戰、殺罰之事。⑫言：談論，記載，記述。

【譯文】凡是兵戈甲胄等軍事器械，都不是吉祥的器物，衆人都普遍厭惡它，所以有道的君子是不會接觸的。

君子平時都以謙和退讓爲貴，用兵之時才進取和征戰。兵戈甲胄等這些兵器都不是吉祥的器物，不是君子所依恃的器物。君子在迫不得已之時才會使用它，貴在以清靜淡泊爲上。即使穫得了戰爭的勝利，也並不以爲這是什麼好事，如果認爲這是美好之事，便是以殺人爲樂。那些以殺人爲樂的君王，是無法穫得民衆的愛戴，實現治理天下的心願的。吉慶之事以退讓謙和爲貴，凶喪之事以爭奪戰爭爲貴。因此，不專殺的偏將軍，站在兵車的左邊；主殺的上將軍，站在兵車的右邊。這就是說，它是按喪禮的位置排列的。戰爭中殺人衆多，就要以悲痛的心情來蒞臨現場表示慰問悼念。打了勝仗，也要用喪禮的儀式來處置有關善後事宜。

第三十二章

【題解】大道的特徵和內涵，在前面的第一、四、十四、二十五章裏老子幾乎已經闡述殆盡。而本章重申大道的功用，重在教示天下人明白「知止」之理，不要徇名而逐末，不可背道而乖行。以「知止」示道，正是要人止欲合道。統治者若能體道而行，就能發揮大道的妙用，使陰陽協合，風調雨順，百姓安居樂業，天下和樂安泰，萬物自化，無爲而治。

大道空虛無物，無形無名，反而無人不具，無物不有。一本散萬殊，一道生萬有。道散於外，浩渺無垠，渾淪莫測。及斂之於內，混混沌沌，退藏於密。河上公本作「聖德第三十二」。

dào cháng wú míng　pǔ suī xiǎo　tiān xià mò néng chén　yě　hóu wáng ruò
道常無名①，樸雖小②，天下莫能臣③也。侯王若
néng shǒu zhī　wàn wù jiāng zì bīn　tiān dì xiāng hé　yǐ jiàng gān lù　mín mò
能守之，萬物將自賓④。天地相合，以降甘露⑤，民莫
zhī lìng ér zì jūn　shǐ zhì yǒu míng　míng yì jì yǒu　fú yì jiāng zhī zhǐ
之令而自均⑥。始制有名⑦。名亦既有，夫亦將知止⑧。

zhī zhǐ suǒ yǐ bú dài pì dào zhī zài tiān xià yóu chuān gǔ zhī yú jiāng hǎi

知止所以不殆⑨。譬⑩道之在天下，猶川谷之於江海。

【註釋】①道常無名：這裏指大道無名無象，卻能生成萬有，恒久亘古，不變不遷，不壞不滅，無法形容，不可名狀。②樸雖小：樸，這裏用來形容大道之初，鴻蒙一片，天地未分，混混沌沌，猶如一根未被刀劈斧鑿的圓木一樣。「樸」即以未破的圓木借喻爲未散的道體。「樸」雖然渾淪一體，不具一物之形，卻具萬物之質，可成萬物之用。它能陰能陽，能弛能張，能大能小，能內能外，具有萬物生成之理，藏有天地造化之妙。③莫能臣：臣，使之服從。這裏是說沒有人能臣服它。④自賓：賓，服從。自將賓服於「道」。⑤甘露：即雨露，意指陰陽和諧，風調雨順，萬物生長，人壽年豐。⑥自均：自然而然地均衡調理，各適所宜。⑦始制有名：始，即大道之初，天地萬物的開始。制，創制，生成。有名，即無名大道衍生萬物，萬物既成，形名已立，萬物繁衍而無止，便形成生機勃勃的大千世界。⑧知止：一作「知之」。意指面對形形色色的大千世界，不可逐物而棄道，隨欲而失德。⑨所以不殆：不殆，沒有危險。⑩譬：比喻。

【譯文】大道無名無象，不可形容，不可名狀。它微妙玄通，寂然虛靜，至神至妙，不變不易，不壞不滅，亘古長存。大道之初，鴻蒙一片，天地未分，混混沌沌，猶如一根未被刀劈斧鑿的圓木一樣。(「樸」雖然渾淪一體，不具一物之形，卻具萬物之質，可成萬物之用。它能陰能陽，能弛能張，能大能小，能內能外，具有萬物生成之理，藏有天地造化之妙。大道空虛無物，無形無名，反而無人不具，無物不有。一本散萬殊，一道生萬有。道散於外，浩渺無垠，渾淪莫測。及斂之於內，混混沌沌，退藏於密。）道樸雖小，微妙無形，其大無外，其小無內，天下沒有任何力量可以役使它，無論是偉大的聖人，還是權貴一時的君王諸侯，沒有任何人可使他臣服。

諸侯君王如果能夠守道而行，效法天地之德，得其虛靜，那時國家天下不求治而自治；人心自然之理，不期然而自然。猶如天地陰陽二氣和諧，而風調雨順、物茂年豐，雖然無人下命令，萬民都會自適其宜，和諧安樂，沒有厚此薄彼之分，沒有你多我少、貧富不均的現象。

無名大道創制生成天地萬物，造化萬千形形色色的大千世界，萬事萬物形名已立，就應該明白「知止」的道理。（萬事萬物都是虛幻不實、有生有滅的，道流行於萬物之中，無處不有，無處不在。有道才有器物，有器物才有其名。捨道而求器，捨器而求名，都是捨本求末，貪物喪德，圖名而失實。）明白了止欲的關鍵，就會歸於大道，常存不殆。如果天下人都能像川谷歸江海那樣歸之於道，歸之於宗，內外無間，與天地合其德，與大道合其元，自然會與道合真。

第三十三章

【題解】 本章與第九章、十章、十五章、二十章的寫法內容類似，都是在向人們開示大道，希望人們抱樸含眞，同歸於道。然而本章正面直言，毫無諱忌。

老子慈悲心切，希望有志修道之人，應當「自知、自明、自勝、自強」，正所謂人我一體，物我無分。一身兼萬道，萬道盡於一身。於是乎，身修則國治，正己則人自化。河上公本作「辯德第三十三」。

zhī rén zhě zhì zì zhī zhě míng shèng rén zhě yǒu lì zì shèng zhě
知人者智①，自知者明②。勝人者有力③，自勝者
qiáng zhī zú zhě fù qiáng xíng zhě yǒu zhì bù shī qí suǒ zhě jiǔ sǐ
強④。知足者富⑤。強行者有志⑥。不失其所者久⑦，死
ér bù wáng zhě shòu
而不亡者壽⑧。

【註釋】 ①知人者智：智，機智、聰穎。意指能夠察知明了別人的心志言行，知道他人的長短善惡，就是有智慧的表現。②自知者明：明，

通達明了。指能夠認知自身的長短優劣，並能夠明悟本心，真知真智顯現，徹達宇宙本源，天地萬物人我，無所不知，無所不曉。③勝人者有力：勝人，指勝過別人。意爲能夠以智力、武力、威力等戰勝他人戰勝外物。④自勝者強：自勝，指戰勝自己的欲望。意指能戰勝自己的欲心妄念、私心貪欲，能棄惡從善，使心身合於道德，無私無畏。⑤知足者富：知足，指心不妄求，身不妄爲，淡泊明志，隨遇而安。意指人能淡泊自守，清心寡欲，安閒自適，悠然坦蕩，身貧道不貧，境困心不困，在塵不染，心超物外，就是最富有的人。⑥強行者有志：強行，堅持不懈、持之以恒。形容人的志向遠大，志心堅定，矢志不改，無堅不摧，無孔不入，其力無窮，山不能阻，水不能止，人不能奪，物不能移。⑦不失其所者久：所，居所，處所，這裏引申爲大道之本體。意指人能夠以身載道，就能夠長生久視。⑧死而不亡者壽：指人的形體肉身雖然已經死亡，但是真性虛靈不昧，真心浩劫長存，真我不生不死，不壞不滅，萬劫常駐，與天地齊壽，與日月同光。

【譯文】能夠察知明了別人的言行心志，看透別人的長短善惡，就是聰明人。能夠認知自我的長短優劣，明悟本心，證道真性，就是真正的聖明。能夠通過武力、威力、智力戰勝別人，就是有能力的人。能夠戰勝自己的欲心妄念，使私欲淨盡，天理流行，身心合道就是無私無畏的強者。能夠知足常樂，隨遇而安，悠然坦蕩，浩氣長存，塵境不染，心超物外就是真正的富有。行道能夠立下金剛不退之志，無堅不摧，山水難阻，人物不移就是真正的有志之人。能夠以身載道，道不離身就能長生久視，形神俱妙，與道合真。大道既明，身命雖死，而真性不壞，浩劫長存。

第三十四章

【題解】 本章仍然是闡發大道的妙用，繼續論述了三十二章的道理。大道長養萬物，爲而不恃，功成而不居，任運而無爲。大道流行之妙，非小非大，可大可小。非左非右，可左可右。非上非下，可上可下。非順非逆，可順可逆。無所不至，無所不達。在方爲方，在圓爲圓。向無定向，形無定形。任其物性，順其自然。神用無方，造化周遍。不即不離，無去無來。不屬於有無，不落於方所。本體雖然湛寂，造化卻運乎無窮。老子在此章暗含之意，即統治者應當體道而行，順道而爲。河上公本作「任成第三十四」。

dà dào fàn xī qí kě zuǒ yòu wàn wù shì zhī ér shēng ér bù cí
大道氾①兮，其可左右②。萬物恃之而生而不辭③。
gōng chéng bù míng yǒu yī yǎng wàn wù ér bù wéi zhǔ cháng wú yù kě míng
功成不名有。衣養④萬物而不爲主。常無欲⑤，可名
yú xiǎo wàn wù guī yān ér bù wéi zhǔ kě míng wéi dà yǐ qí zhōng bú zì wéi
於小；萬物歸焉而不爲主，可名爲大。以其終不自爲
dà gù néng chéng qí dà
大，故能成其大。

【註釋】①氾：同「泛」，廣泛或泛濫。引申爲普遍、廣博。指大道本體淵涵無限，浩蕩無涯。②左右：意指大道非左非右，可左可右。向無定向，形無定形。任其物性，順其自然。③不辭：辭，推辭、辭讓。意指大道運載萬物，周邊萬有，不推辭，不逆止。④衣養：一本作「衣被」，意爲覆蓋。指大道無人不被其涵濡，無物不荷其帡幪。⑤常無欲：即常清常靜，真常之道。

【譯文】大道周邊無方，無不含容，無不運載。它非左非右，可左可右，向無定向，形無定形。隨時取用，無人不遂，無物不充。不屬於有無，不落於方所。古往今來，天地萬物都賴道而生，大道卻從不推辭，從不停息。它生育長養天地萬物，卻任天地萬物自生自遂，大道不居爲己有。它無往而不在，無物而不有，大至無極，小至無倫，普護一切，包涵萬有，卻從不主宰，從不誇耀，任運自然。真常之道，常清常靜，無欲無爲。從小處來看，即使一草一木也沒有例外，皆是道育，彌綸萬有，纖塵悉化。從大處來看，它統育群生，無不含容，亘古及今，沒有一物例外，沒有一人不歸。聖人就是因爲體道而行，從來不居功，不自大，不自誇，所以就能夠像大道那樣成就他的偉大。

第三十五章

【題解】本章闡述大道的內涵具有隱寓的言外之意。大道虛靜平淡，它能使萬民歸心，天下太平，它的功用和造化無窮無盡。本章旨在對大道的謳歌。

統治者如果能擺脫聲色美食的誘惑，循守大道，就可以使百姓安居樂業，天下安泰平和。老子給予了對天下百姓安危生存的擔憂。河上公本作「仁德第三十五」。

zhí dà xiàng tiān xià wǎng wǎng ér bú hài ān píng tài yuè yǔ
執大象①，天下往。往而不害，安平太②。樂與
ěr guò kè zhǐ dào zhī chū kǒu dàn hū qí wú wèi shì zhī bù zú jiàn
餌③，過客止。道之出口，淡乎其無味，視之不足見，
tīng zhī bù zú wén yòng zhī bù zú jì
聽之不足聞，用之不足既④。

【註釋】①大象：比喻無形無象、生天生地的大道。大道本體虛無，妙用萬有，無象之象，是謂大象。②安平太：安，乃，則，於是。太，同

「泰」，安寧、安泰、平和。意指天下人歸於大道，就會無傷無害，和平安泰。③樂與餌：音樂和美食。泛指一切的聲樂和美味的貪戀和享受。④既：盡的意思。

【譯文】人能夠常操常存，離有離無，大道就會常在。能夠持守大道，天下萬民萬物都會歸向，無傷無害，天下百姓都會安居樂業，平和安泰。世間一切的聲樂和美味的貪求，雖然可以使匆匆的過客流連不去，停步駐足，但這些聲樂和美味的貪愛和享受是不能常久的。大道無聲無臭，大象無形，因而視而不見，大音希聲，因而聽而不聞，妙用無有窮盡，因而用之不盡，它彌綸萬有，亘古長存，所以人們應當體道而行，與道合一。

第三十六章

【題解】本章重在教導人們認知大道「微明」之理，重申陰陽互根、物極必反的自然辯證法，人們要掌握事物相反相成，相互轉化的道理。「物極必反」，「盛極而衰」就是大道運行的規律。老子在此章重點闡述了自然辯證法在社會現象之中的運用，以提醒人們認知大道，掌握規律。

世間萬物萬事，皆有隱有顯，有微有明。皆是隱顯共存，顯隱同觀。微明之機，百姓日用卻不知，顯於面前而不見。微明之理，雖劫運變遷而不能移，聖人出世而不能易。用之於修身，是爲大本；用之於治國，則爲利器。統治者只有柔弱處下，無爲不爭才能掌握「微明」之理，實現天下的長治久安。河上公本作「微明第三十六」。

jiāng yù xī zhī bì gù zhāng zhī jiāng yù ruò zhī bì gù qiáng zhī
将欲歙①之，必固②張之；将欲弱之，必固強之；
jiāng yù fèi zhī bì gù xìng zhī jiāng yù duó zhī bì gù yǔ zhī shì wèi wēi
将欲廢之，必固興之；将欲奪之，必固與③之。是謂微

míng róu ruò shèng gāng qiáng yú bù kě tuō yú yuān guó zhī lì qì bù kě yǐ
明④。柔弱勝剛強。魚不可脫⑤於淵，國之利器不可以

shì rén
示人⑥。

【註釋】①歙：收斂之意。②固：副詞，姑且、暫且的意思。③與：給，同「予」字。④微明：即自然規律幽隱的玄機、前兆、跡象或苗頭，在顯態事物中的微妙閃現。前文所列舉的翕張、弱強、廢興、奪與，皆是闡述以柔弱勝剛強之理，其中都含有微明的道機。⑤脫：離開、脫離。⑥國之利器不可以示人：利器，即保衛國家的軍隊和武器，泛指治國的刑法等政教制度。示人，給人看，向人炫耀。

【譯文】世間之物，將要使其收斂，就要先擴張它；要想削弱它，必先加強它；要想廢棄它，就先要使它興盛起來；要想奪取它，就先要給予它。這就是自然規律幽隱的玄機，在顯態事物中的閃現。柔弱能夠戰勝剛強，魚不可以脫離於水，一旦脫離水便會窒息而亡。國家的刑法政教不可以向人炫耀，不能輕易用來嚇唬人。

第三十七章

【題解】本章和第三十二章一樣，都是在論述大道的功用，第三十二章中提到「侯王若能守之，萬物將自賓。」本章中又重申「侯王若能守之，萬物將自化。」

在春秋末期，統治者任意妄爲，民不聊生，戰亂紛紛。老子深諳民生疾苦，既對統治者背道離德、狂施暴政、荒淫驕奢而深感痛惜，又試圖挽救天下紛紛、人人忘卻本來的局面。他慈心廣播，悲懷化世，但願統治者能夠以身帥道，歸根復命，返本還源，以此己立立人，己達達人，統化萬有，教化萬民，使人人都明明德，識自性，歸道本。只要統治者順道而爲，體道而行，天下自然無爲自化，臻於郅治。河上公本作「爲政第三十七」。

dào cháng wú wéi ér wú bù wéi hóu wáng ruò néng shǒu zhī wàn wù jiāng zì
道常無爲而無不爲①。侯王若能守之，萬物將自

huà huà ér yù zuò wú jiāng zhèn zhī yǐ wú míng zhī pǔ wú míng zhī
化②。化而欲③作，吾將鎮之以無名之樸④。無名之

pǔ fú yì jiāng wú yù bú yù yǐ jìng tiān xià jiāng zì dìng
樸，夫亦將無欲，不欲⑤以靜，天下將自定⑥。

【註釋】①無爲而無不爲：「無爲」是就大道本體而言，大道之本體無作無爲，無形無象，不變不易，常應常照，常清常靜。「無不爲」是就大道之妙用而言，大道之功用造化無方，妙用無窮，普化萬物，生天生地，一物不遺，一人不外，無不含容，無不運載。②自化：指自我化育、自生自長。③欲：指一切合道之情欲、欲念。④無名之樸：「無名」指自然大道。「樸」就道之渾然淳樸而言。⑤不欲：即無欲，沒有絲毫的私心欲念。⑥自定：定，安定，正定。意指天下萬物皆各行其道，各負其職，相安無事，任運自化。

【譯文】大道真常無爲，不變不易，常應常照，常清常靜，正因爲其無爲無作，所以無所不爲，普化萬物，生育天地，無不含容，無不運載，造化無方，彌綸萬有，浩渺無垠。侯王如果能效法大道心如天地，性似太虛，施無爲之德，行無爲之政，必然會德化於民，天下百姓，乃至眾生萬物都會各得其性，各遂其生，化歸於道。倘若人情日遷，情欲萌生，妄心欲作，我就要用渾然淳樸的無名大道來鎮守它。天下萬物萬民無欲而返樸歸真，就會物欲熄滅，妄情不生，自然民心清淨，渾然淳樸。自然各歸其道，各行其正。自然無爲而治，任運自化，而天下大同了。

德經

第三十八章

【題解】本章爲全書下篇《德經》之首，綜論諸「德」，是《德經》之總綱。全書上篇《道經》系統詮釋大道根源，大道卽是宇宙人生的眞如實相，天地萬物的根本規律。認知了宇宙萬物的大根大本卽爲明「道」，按照大道的規律去行去做卽爲「德」。

大道演化，創生萬物，周而復始，窮久不息。自上德而下德，失德而後仁，失仁而後義，失義而後禮，每況愈下，漸次失離大道，世衰道微，人心不古，大道愈乖，次第流轉，漸行漸遠。

老子視觀天下芸芸，實爲歧路亡羊，人心反常，逐妄迷眞，荒廢大道，障蔽本來，歸家行程，咸無問津。他闡述道源，總論諸德，示世人以來源歷程，傳天下以歸眞妙道。河上公本作「論德第三十八」。

shàng dé bù dé shì yǐ yǒu dé xià dé bù shī dé shì yǐ wú
上德不德，是以有德[1]；下德不失德，是以無

dé shàng dé wú wéi ér wú yǐ wéi xià dé wéi zhī ér yǒu yǐ wéi shàng rén
德[2]。上德無爲而無以爲；下德爲之而有以爲[3]。上仁

wéi zhī ér wú yǐ wéi shàng yì wéi zhī ér yǒu yǐ wéi shàng lǐ wéi zhī ér mò zhī
爲之而無以爲；上義爲之而有以爲④。上禮爲之而莫之
yìng zé rǎng bì ér rēng zhī gù shī dào ér hòu dé shī dé ér hòu rén shī
應，則攘臂而仍之⑤。故失道而後德，失德而後仁，失
rén ér hòu yì shī yì ér hòu lǐ fú lǐ zhě zhōng xìn zhī bó ér luàn zhī
仁而後義，失義而後禮。夫禮者，忠信之薄，而亂之
shǒu qián shí zhě dào zhī huá ér yú zhī shǐ shì yǐ dà zhàng fū chǔ qí
首⑥。前識⑦者，道之華而愚之始⑧。是以大丈夫處其
hòu bù jū qí bó chǔ qí shí bù jū qí huá gù qù bǐ qǔ cǐ
厚，不居其薄⑨；處其實，不居其華⑩。故去彼取此⑪。

【註釋】①上德不德，是以有德：上德，即無上之德，自然無爲的真常之德。意指上德以道爲體，無私無欲，無心無意，天理獨現，大道流行，不知有德，是以其德常存。②下德不失德，是以無德：下德，指下德，指德性尚未圓滿，不能體道，有意施爲。意爲下德心意不純，不能行無爲之德，執於有爲，失卻純然天性，以爲有德，實則無德。③上德無爲而無以爲；下德爲之而有以爲：指上德以道爲體，無所施爲，以無心爲用，和氣周流，渾然周遍。下德失卻道體，有心施爲，執於名號，泥於表象。④上仁爲之而無以爲；上義爲之而有以爲：上仁，指至公無私、善性常存、至善無惡的無上仁愛。道體散失，大德不在，德性不純，降爲最近於德的無上之仁。上義，指慎無二心，臨危不懼，禍難不顧，行事合宜，正道而行。這句話意指仁德缺壞，大道愈乖，只有無上的義德才最近於仁。上仁至善無惡，一視同仁。仁恩普澤，仁愛如天，隨宜處順，因物付物，功成事立，無以執爲。上義無論順逆，皆能以正心爲宰根，統御一切，降伏其心。⑤上禮爲之而莫之應，則攘臂而仍之：上禮，指天秩之品節，人事之儀規，有文有質，恭謹謙讓。上義失散，大道愈乖，人心不古，以禮德來教化天下。攘臂，捋袖伸臂之意。「仍」即扔，意爲強牽導引。

這句話講聖人用禮德來教化天下，世人見如不見，聞如不聞，違背教令，悖其禮條，不能歸於禮德。聖人救世之心不息，愛民之心不厭，於是不得已就捋起袖子，伸出手臂，強拉著世人走正道，行禮德。⑥忠信之薄，而亂之首：薄，不足、衰薄；首，開始、開端。這句話意爲社會到了以禮治世的時期，人的忠信之德已經喪盡，連做人的起碼禮德都不能做到，這是社會混亂的開頭。⑦前識：即人們常用的後天意識，通常所說的成見。⑧道之華而愚之始：華：花。這裏是指浮華的外表。這句話意爲人利用自己後天的聰明才智，對萬物萬象的認知和瞭解，都只是大道幻化的表象，人們只知道虛妄的表象，而不能透過萬物萬象體認宇宙的真相、大道的本體，這就是愚蠢的開始。⑨處其厚，不居其薄：厚，厚實，篤厚；薄，輕浮，輕薄。這句話意爲得道的君子處身於敦樸渾厚的道性之中，不染於世俗人的名利澆薄之中，見道而不見欲，循理而不循私，以道自任而不辭。⑩處其實，不居其華：實：植物的果實。與「花」相對。這裏是真實內涵的意思。這句話意爲得道的君子處身於淳厚的道德之中，不迷於世俗的形形色色，萬千變象，如如不動，守性不移。⑪去彼取此：即去除浮華輕薄之人心，得取道德淳厚敦實之本性。去人心，復道心，存天理，滅人欲。

【譯文】上德以道爲體，無私無欲，天理獨現，大道流行，不知有德，是以其德常存。下德有意施爲，失去純然天性，以爲有德，實則無德。上德無所施爲，以無心爲用，和氣周流，渾然周邊。下德有心施爲，執於名號，泥於表象，有所偏頗，難以圓融。上仁至善無惡，仁愛如天，隨宜處順，無以執爲。上義無論順逆，正道而行，是非合宜，統御一切，降伏其心，有所執爲。以禮德教化天下，世人見如不見，聞如不聞，違背教令，悖其禮條，不能歸於禮德。不得已捋起袖子，伸出手臂，強拉著世人走正道，行禮德。

得道的君子處身於敦樸渾厚的道性之中，不染於世俗人的名利澆薄之中，見道而不見欲，循理而不循私，以道自任而不辭，如如不動，守性不移。去人心，復道心，除習性，復天性。

第三十九章

【題解】本章主旨，是老子闡釋「得一」的大道本源，向世人指明立本的重要性。在本章之中，老子運用了六個「得一」，六個「無以……將……」其意義十分深刻，他重申了大道的本源性、普遍性、抽象性以及它的妙用。

大道生成天地萬物，是天地之根，萬物之母，宇宙之本。它空虛無物，無形無名，大無不包，細無不入，一本散萬殊，一道生萬有。萬物得此而方生，萬靈失此而絕命。

此章主旨還重在教人認知大道的自然辯證法，萬事萬物皆有對立的兩面，兩面的平衡、合和與統一，即是中和之道，只有認知了大道的本體，掌握了大道的妙用，才能常守中道。

世人要立做人之本，明修身之道，就要忘乎貴賤、得失、是非、人我。能「處下」「居後」「謙卑」，「貴以賤爲本，高以下爲基」，積衆賤而成貴，積衆下而成高，合衆件而成車。如此，便能常清常靜，諸念不生，無欲無爲，一塵不染；如此便能一身兼萬道，萬道盡於一身。於是乎，身修則國治，得於一而萬事畢。河上公本作「法本第三十九」。

昔①之得一②者：天得一以清，地得一以寧，神得一以靈，谷③得一以盈，萬物得一以生，侯王得一以爲天下貞④。其致之⑤，天無以⑥清，將恐裂；地無以寧，將恐發⑦，神無以靈，將恐歇⑧；谷無以盈，將恐竭⑨；萬物無以生，將恐滅；侯王無以貴高⑩，將恐蹶⑪。故貴以賤爲本，高以下爲基。是以侯王自謂孤、寡、不穀⑫。此非以賤爲本耶？非乎？故致數輿無輿⑬。不欲琭琭⑭如玉，珞珞⑮如石。

【註釋】①昔：元始、無極。指無極大道所生的太極。②得一：即得道。一，指宇宙人生的起源、萬事萬物的本體。《說文》：「一，惟初太始，道立於一，造分天地，化成萬物。」《淮南子》：「一也者，萬物之本也。」③谷：指水流滙聚的地方，即河谷，川谷。④貞：一本作「正」。⑤其致之：推而言之。⑥以：因爲。這裏指有所恃，作依賴、倚仗解。⑦發：廢，荒廢，毀棄。⑧歇：消失、絶滅、停止。⑨竭：乾涸、枯竭。⑩貴高：一本作「貞」。⑪蹶：跌倒、失敗、挫折。⑫孤、寡、不穀：孤、寡、不穀：古代帝王自稱的謙詞。⑬數輿無輿：數：多次，頻繁。輿：通「譽」。榮譽。（本書採此說。）輿，河上公本作「車」。並注：「致，就也。言人就車數之爲輻、爲輪、爲轂、爲衡、爲轝，無有名爲車者，故成爲車，以喻侯王不以尊號自名，故能成其貴。」意為聖君不肯自有高貴之名，猶如工匠造車一般，車未造成之前，其零部件個個都是獨立存在著，各自爲體，爲輻、爲輪、爲轂、爲軸、爲衡等，其數眾多，各自分立，各有其名，還沒有「車」的名稱。至車造成以後，各種零件組合在一起，才成爲一個車的形體，才能共負運載的功能。⑭琭琭：形容玉美的樣子。⑮珞珞：形容石堅的樣子，河上公注：「琭琭喻少，落落喻多，玉少故見貴，石多故見賤。言不欲如玉爲人所貴，如石爲人所賤，當處其中也。」

【譯文】自鴻蒙未分到天地初判，無極而生太極，一本散萬殊，一道生萬有。天得道故能垂象清明，地得道故能安寧穩定，神得道故能變化莫測，妙應無方。川谷得道故能充沛盈滿而不枯竭，萬物得道故能生息繁衍，運化無窮。侯王得道故能統御萬有，以身率道，使天下貞正安泰。推而言之，天若不能得清一之炁，不能垂象清明，天體就會崩裂，星球將會離軌碰撞；地若不得真一之炁，不具厚載之德，陰陽不和、風雨失調、旱潦不時、地動山搖、土崩海嘯，火山爆發，江河泛濫，瘟疫流行，蟲害施虐，萬物不能生成，萬民不得生養；神若不得真一之道，感而不通，應而不靈，不能行聚散闔闢之機，不能行陞降屈伸之理，就會虛歇耗散；河谷若不得先天真一之炁，就不能蓄川納流、涵養水族、繁茂植被，其生命能源必將枯竭；萬物若不得真一之炁，動植飛潛，不能實其質，胎卵濕化不能成其形。萬物將會滅種絕形；侯王若不能厚德載道、屈己下人，而是高高在上、作威作福，就會使天下傾覆。所以貴以賤爲根本，謙卑處下，不自以爲尊貴，高以下爲基礎，虛心容物，不自以爲高貴。因此侯王們自稱爲「孤」「寡」「不穀」，這不就是以賤爲根本嗎？難道不是這樣嗎？所以招致太多的榮譽，反而沒有榮譽。（要謙卑處下，不自高貴。）因此，不要追求去做華美的寶玉，而願意去做質樸堅硬的石頭。（這樣才可得真一之大道，立天下之大本。）

第四十章

【題解】雖然在上篇《道經》之中，老子已經將大道的理論闡述殆盡，然而自《德經》之後，依然重申大道的深刻內涵。本章主旨，要在通過動靜、正反、有無對立統一的自然辯證法，用極其簡練的文字，揭示大道「反者道之動」「弱者道之用」的辯證關係，明示天下萬物，皆是向相反方向變化，而又返復於本的規律。

大道循環往復、周而復始，窮盡不息。它具有反復順逆之機，生克顛倒之理。本章雖然言簡意賅，卻蘊意深長。老子慈悲化世，此章主旨還重在教化世人逆修大道、攝妄歸眞、歸根復命、返本還源。河上公本作「去用第四十」。

fǎn zhě dào zhī dòng ruò zhě dào zhī yòng tiān xià wàn wù shēng yú yǒu
反者①道之動，弱者②道之用。天下萬物生於有③，

yǒu shēng yú wú
有生於無④。

【註釋】①反者：周而復始，循環往復。即指樸素的自然辯證法，對立的雙方在一定條件下，向相反方向轉化，這也就是大道運行的普遍規律。②弱者：柔弱、渺小。③有：這裏的「有」與第一章中「有名萬物之母的」的「有」相同。但不是有無相生的「有」字。④無：與第一章中的「無名天地之始」的「無」相同。但不同於「有無相生」的「無」。「有生於無」，並非無先於有，而是無中本來就蘊含著「有」，「有」「無」統一於「道」。

【譯文】大道循環往復、周而復始，窮久不息。對立的雙方在一定條件下，向相反方向轉化，相反相成，物極必反，這就是大道運行的普遍規律，柔弱、居靜就是大道的妙用之處。大道隨順自然、曲成萬物，柔弱處下，與世無爭，體萬物而不遺，施萬物而不匱，應化無方，妙用無窮。天下的萬物皆是從有形有位的天地而生，而天地又生於無形無相、無聲無臭的虛空大道。

第四十一章

【題解】本章重在教導人們認知自然大道，並告訴人們認知大道的態度和方法。老子首先以「上士、中士、下士」聞道的態度明示修爲之深淺、根器之大小對認知大道的影響，突出表明了誠信篤行的關鍵性和重要性。自古以來，萬聖千眞，皆由信而入。「上士聞道，勤而行之」，正是篤信之義；「下士聞道，大笑之」，正是不信之義。可見信與不信，乃是道與非道之分水嶺，是聖與凡的試金石。

此外，老子用十二句話重申了大道的深妙內涵，給識道者指明了方向。本章對大道的重述與前面的第十四、十五、二十、二十五、二十八、三十五章的闡述具有異曲同工之妙。「明道若昧，進道若退，夷道若纇。」與第二十章的「我獨若遺…我獨昏昏…我獨悶悶…」一致；「大白若辱…大方無隅，大器晚成，大音希聲，大象無形。」與第二十八章的「大制不割」皆突出「強爲之名曰大」的道性本質，「視之不見名曰夷」故「大象無形」，故爲「無狀之狀，無物之象。」「聽之不聞名曰希」故「大音希聲」。

本章主旨，就在於教人明道通道，大道雖深妙，但至簡至易，惟信可入，沒有誠信心，難聞眞道，沒有篤行志，難返本源，這就是千古不易之理。河上公本作「同異第四十一」。

shàng shì wén dào qín ér xíng zhī zhōng shì wén dào ruò cún ruò wáng xià shì
上士聞道，勤而行之；中士聞道，若存若亡；下士
wén dào dà xiào zhī bú xiào bù zú yǐ wéi dào gù jiàn yán yǒu zhī míng dào
聞道，大笑之。不笑不足以爲道①。故建言②有之：明道
ruò mèi jìn dào ruò tuì yí dào ruò lèi shàng dé ruò gǔ dà bái ruò
若昧③，進道若退④，夷道若纇⑤。上德若谷⑥，大白若
rǔ guǎng dé ruò bù zú jiàn dé ruò tōu zhì zhēn ruò yú dà fāng wú
辱⑦，廣德若不足⑧，建德若偷⑨，質真若渝⑩，大方無
yú dà qì wǎn chéng dà yīn xī shēng dà xiàng wú xíng dào yǐn wú míng
隅⑪，大器晚成⑫，大音希聲⑬，大象無形⑭，道隱無名⑮。
fú wéi dào shàn dài qiě chéng
夫唯道，善貸且成⑯。

【註釋】①不笑不足以爲道：若是下等根器之人聞聽大道而不狂笑大笑，就不會彰顯大道的深邃奧妙，也就不足以稱之爲道了。②建言：立言。建，設立之意，意指如果有道，當如以下幾句所說。因下士對大道不足聞，不足有，故於以下設言反復闡述，以再三強調。③明道若昧：大道本體光明燦爛，但外在卻看似黯昧。引申爲修道之人平平常常，庸庸愚愚，含光內明，外顯樸拙。看似不精不明、不巧不智、似愚似癡之貌。④進道若退：大道化生萬物，生生不息，奮發進取，卻虛靜柔弱，隨順處下，與物無爭，好像消極退縮一般。引申爲修道之人不爭高低，不追波逐流，不爲物欲所轉，不求功名利祿，恭謙處下，看似懦弱無能、膽小怕事。⑤夷道若纇：夷，平坦；纇，崎嶇不平、坎坷曲折。此句意指，大道平坦，卻又看似崎嶇不平。引申爲修道之人平平淡淡、處

世應俗、言談舉止、行住坐臥與俗人同塵同濁，毫無異樣，卻又在塵離塵，在境不染，在常道之中修非常道。⑥上德若谷：上德，即無上之德，自然無爲的真常之德。這裏指大德深厚，體道之人。意爲大德深厚、體道行德之士，心如太虛、德如天地、廣大無邊，無所不容，無所不包。⑦大白若辱：辱，黑垢。意指凡有大德之人，其心純潔無私，能包容一切汙穢濁流，能忍受一切汙辱。處濁不染、守辱處下，不擇貴賤、不較得失、不爭高強，故知白而守黑，雖處高貴之位，卻似在汙濁之地，自謙處下而不自彰顯。第二十八章有言「知其雄，守其雌，爲天下谿……知其白，守其黑，爲天下式……知其榮，守其辱，爲天下谷。」與此文義相通。⑧廣德若不足：意指具有大德之人，雖功德無量，心包太虛，量周沙界，但卻始終空靜如虛，不顯露智慧，默藏不露，謙虛自處，似若愚頑者之智慧不足。⑨建德若偷：建，同「健」，強健有力。偷，即偷懶怠惰之意。具有剛健之德的人，所求必遂，所志必達，所謀必成，心性堅定，奮勇精進，毫不動搖。然而其心總覺得德行不足，總認爲內心欠缺。⑩質真若渝：質真，即具有真德之人。渝，變汙。有德之人，質樸誠實，心性敦厚，隨順自然，樸實無華，看似有如隨波逐流，混同汙濁之中一樣。⑪大方無隅：隅，四方的稜角或邊角。大道隨方就圓，不落方所，妙應無方，實時即用，隨在無礙。亦指具有大德之人，內無方所，外無定規，隨時起用，應物機變，圓融無礙，渾然一體。其道無極，其方無限，包裹太虛，涵容天地。⑫大器晚成：大器，即無形之器，喻指無相大道，浩蕩彌綸，無不含容。晚成，即無成，指不能窺見大道之全貌，自性之全體。這句話指大道渾渾默默、浩浩茫茫，它包羅天地，生育萬有，誰也無法窺見大道的全貌全體。⑬大音希聲：大音，即無音之音，口不能言，無法形容。希聲，即無聲之聲，耳不能聞。此即莊子所言「天籟之音」。

這句話指大道天籟之音，是謂極其洪大的音聲，一致無音無聲，非是人耳所能聞聽。第十四章有言：「聽之不聞名曰希。」與此文義相同。⑭大象無形：大象，即無象之象，喻指大道。意爲大道無形無象，只可以心神領悟，不可以形跡視見。⑮道隱無名：此句爲總結歸納以上十三句之妙意。大道生成天地萬物，卻潛藏在萬象之內，幽隱微妙，無形無跡，無聲無息，和光同塵，混世同俗，毫無名相，不被人知。⑯夫唯道，善貸且成：貸，施與、給予。引伸爲幫助、輔助之意。成，成就之意。此句意爲：道使萬物善始善終，而萬物自始至終也離不開道。

【譯文】上根之人聞聽大道，即能信奉至誠，勤修苦練，精心苦行，絕妄節欲，不敢怠惰；中根之人，聞聽大道，若明若暗，時信時疑。三天打漁，兩天曬網，見理不真，見性不明。下根之人聞聽大道，狂笑嘲諷，不屑一顧。倘若不被下根之人狂笑嘲笑，就不能彰顯大道的深邃奧妙，也就不足以稱其爲道了。

設若有道，當如以下幾句所說：通達明了大道的人含光內明，外顯樸拙。看似平平常常，庸庸愚愚，不精不明、不巧不智、似愚似癡之貌；精勤修道之人不爭高低，不追波逐流，不爲物欲所轉，不求功名利祿，恭謙處下，看似懦弱無能、膽小怕事；得道之人平平淡淡、同塵同濁，毫無異樣，卻又在塵離塵，在境離染，在常道之中修非常道；體道行德之士，大德深厚、心如太虛、德如天地、廣大無邊，無所不容；大德之人，純潔無私，包容汙濁，忍受汙辱。處濁不染，知白守黑，雖處高貴之位，卻似在汙濁之地，自謙處下而不自彰顯；大德之人，心包太虛，量周沙界，但卻始終空靜如虛，謙虛自處，如似愚頑者智慧不足；剛健奮進的人，所求必遂，所志必達，所謀必成，心如堅石，毫不動搖。然而卻看似德行不足、內心欠缺；質樸誠實、心性敦厚之人，隨順自然，樸實無華，看似猶如隨波逐流，沒有主見；體道之人，內無方所，外無定規，隨時起用，應物機變，圓融無礙；得道之人可知，真性不生不滅，不成不壞，原始要終，亘古不易；大道希言自然，天籟無音，大象無形。大道潛藏在萬象之內，幽隱微妙，無形無跡，無聲無息，和光同塵，混世同俗，毫無名相，不被人知。然而正是大道化生萬物、養育眾生，善於孕育一切，善於成就一切。

第四十二章

【題解】本章前半部分是老子闡述宇宙生成論，即自鴻蒙初辟，無極而太極，太極而兩儀，三才立而世界成，陰陽合而萬物生的演進過程和萬物載道以生的原理。

後半部分重申第三十九章自然辯證法的內容，警示帝王公侯以賤爲本、以下爲基，教導人們掌握辯證法，致和守中，守性不移，並希冀苦心救世，率性修道、教化天下、復明本性、返歸道根。河上公本作「道化第四十二」。

dào shēng yī yī shēng èr èr shēng sān sān shēng wàn wù wàn wù
道生一①，一生二②，二生三③，三生萬物。萬物
fù yīn ér bào yáng chōng qì yǐ wéi hé rén zhī suǒ wù wéi gū guǎ
負陰而抱陽④，沖氣以爲和⑤。人之所惡⑥，唯孤、寡、
bù gǔ ér wàng gōng yǐ wéi chēng gù wù huò sǔn zhī ér yì huò yì zhī ér
不穀，而王公⑦以爲⑧稱。故物或損之而益，或益之而
sǔn rén zhī suǒ jiào wǒ yì jiào zhī qiáng liáng zhě bù dé qí sǐ wú jiāng yǐ
損。人之所教，我亦教之，強梁⑨者不得其死，吾將以
wéi jiào fù
爲教父⑩。

【註釋】①一：即指宇宙人生的起源、萬事萬物的本體，絶對獨行的大道。《說文》：「一，惟初太始，道立於一，造分天地，化成萬物。」《淮南子》：「一也者，萬物之本也。」②二：指陰氣、陽氣。道所生太極之兩儀，兩儀中含有陰陽二氣。陰陽二氣所含育的統一體即是「道」。因此，陰陽二氣都包含在「一」中。氣之動爲陽，氣之靜爲陰。③三：指陰陽二氣交合衝盪之後所生的中和之氣，即三元、三才等。「三」是由道的混沌狀態，到萬物顯象成形的過渡階段，是一個由簡單到復雜的動態變化過程。河上公章句：「陰陽生和、清、濁三氣，分爲天、地、人也。」④負陰而抱陽：背陰而向陽。天下人與萬物皆是前抱陽而後負陰，向陽而立。承天稟命，荷氣而生謂之「負」；陰陽二氣混和，真氣內養，謂之「抱」。⑤沖氣以爲和：沖，交融。此句意爲萬物皆是以陰陽相衝的和氣而生長。⑥惡：討厭，憎惡。⑦王公：泛指顯貴的爵位，即王公貴人。⑧以爲：以之爲。⑨強梁：強橫而多力。比喻逞強凶暴之人，不明大道之理，背逆道德，傷天害理，不從聖人之教，依仗強勢，任用外力，仗力欺人，行兇作惡。河上公章句：「強梁者，謂不信玄妙，背叛道德，不從經教，尚勢任力也。」⑩教父：父，通「甫」，開始。意指教化天下人的開始。

【譯文】大道自無極而太極，自太極而生兩儀，兩儀既生，陰陽二氣成，自此天地人三才並立而世界成，陰陽合而萬物生。天下萬物皆是揹負陰而朝向陽，以陰陽相衝的和氣而化生。

人們所厭惡的都是「孤」「寡」「不穀」這些不祥的稱名，而王公貴人卻以此自稱者，正是王公貴人效法大道虛空、柔弱、處謙、卑下之德。

所以天下一切事，常以謙下損己而得益，而以自貴益私反招損。古人是這樣教人的，我也遵循古訓這樣去教導別人。那些逞強凶暴之人，背逆道德，傷天害理，仗勢欺人，自種惡果，天地不容，不得善終。我就以此作爲教化天下人的開始。（教導人們要去強用弱，復明本性，返歸道根。）

第四十三章

【題解】本章重申「柔之勝剛，弱之勝強」，「是謂微明」之理。與第三十六、七十六章所闡述的內容一致，都講述了「微明」之理，都滲透了陰陽互根、物極必反的自然辯證法。

老子以水爲喻，重述「貴柔」的理念。「貴柔」的理念貫穿《道德經》全書始終。至柔至順即爲大道之特性。大道至虛至柔，出於無倫，入於無間，彌綸天地，遍滿虛空，無處不是至柔之理。「柔弱」仕於「無爲」。大道無爲而自化，任運而自然。河上公本作「遍用第四十三」。

tiān xià zhī zhì róu chí chěng tiān xià zhī zhì jiān wú yǒu rù wú
天下之至柔[1]，馳騁[2]天下之至堅[3]，無有[4]入無

jiàn wú shì yǐ zhī wú wéi zhī yǒu yì bù yán zhī jiào wú wéi zhī yì tiān
間[5]。吾是以知無爲之有益。不言之教，無爲之益，天

xià xī jí zhī
下希及之。

【註釋】①至柔：極柔，最柔。指水、空氣等。②馳騁：形容縱馬疾馳的樣子。在這裏指役使最剛強之物，無所不通。③至堅：指最爲堅硬，極其堅實的物體，如金、山石等。④無有：即指無而不無的道。⑤無間：沒有空隙。

【譯文】天下至柔之物莫如水，天下至堅之物莫如金。最柔弱的水能夠自由隨意地穿行於金石之間而毫無阻礙。大道無形無物，無色無象，至柔至順，它出入於萬物之間，貫通無阻，無所不入，無所不通。至柔而能育至剛，至無而能包至有。我因此明知天不言而四時行，聖不言而天下化，道不言而萬物成。大道至精至微、至極至柔，不言的教導，無爲的益處，萬物賴之以生，萬物依之而成。天下很少有人能夠真正做到的。

第四十四章

【題解】本章主旨和第十三章一樣，都是闡述「貴身」之理，教導人們自重自愛，明白得失之道。告誡世人名利財色皆是虛夢幻象，切不可殉物而害眞，因小而失大，以至於自取其禍辱。有此身，才有此財；無此身，何須此財？

可惜如今天下人貪婪多欲，都把身外之物看重，而卻把自身性命看輕了，所以才會本末倒置、貴財輕身，捨本逐末、迷眞逐妄，背覺合塵。故而老子苦心教導世人要少私寡欲、知足知止。河上公本作「立戒第四十四」。

míng yǔ shēn shú qīn shēn yǔ huò shú duō dé yǔ wáng shú bìng shì
名與身孰親？身與貨①孰多②？得與亡③孰病④？是
gù shèn ài bì dà fèi duō cáng bì hòu wáng zhī zú bù rǔ zhī zhǐ bú
故甚愛必大費⑤，多藏必厚亡⑥。知足不辱⑦，知止不
dài kě yǐ cháng jiǔ
殆⑧，可以長久。

【註釋】①貨：財物，財寶。②多：厚，重。引申為看重、推重。③得與亡：得：指名利；亡，指喪失性命。④病：疾患沉重。此處指危害。⑤甚愛必大費：甚愛，過分貪愛。大費，大量地耗損。意指過分地貪愛女色一定會極大地損耗精氣，貪婪地聚斂財貨必然會招致更多的禍患危害。過度地追求美名必定會帶來自身德行的損失。⑥多藏必厚亡：多藏，過多地收藏、蓄藏。厚，重，多。亡，丟失，喪失。意指過多地貯藏財物就必定會招致慘重的損失。⑦知足不辱：知足，即指樂天知命，順受其正，不愛不貪，無欲無為。句意為常知足之人，少私寡欲，心地寬廣，與人無爭，心安理得，不僅不會使身心受辱，反而身心受益。⑧知止不殆：知止，即指行當行可行之事，止於妄行邪行違道之事，做成有道有德之人。殆：危險。凡事知足而止，心不貪婪，做到不使財利累及心身，不被聲色亂耳目，就不會有危險。

【譯文】名聲和姓名哪一個更親近呢？性命與財物哪一個更重要呢？得到名利而丟掉性命，與失去名利而保住性命相比，哪一個更有害呢？所以說過分地貪愛女色一定會極大地損耗精氣，貪婪地聚斂財貨必然會招致更多的禍患危害。過度地追求名譽必定會帶來自身德行的損失。過多地貯藏財物，必然會遭受慘重的損失。常能樂天知命，不愛不貪，少私寡欲，與人無爭，心安理得，不僅不會使身心受辱，反而會身心受益。常能行可行之事，禁違道之事，適可而止，心不貪婪，做到不使財利累及心身，不被聲色亂耳目，就不會有危險。這樣才能保持長久平安。

第四十五章

【題解】本章乃第四十一章的延續，論述萬事萬物相反而相成之理，重述「反者道之動」之大義，重在從人格的形態來體現大道，教導世人認識道以清靜爲體，以中正爲用。河上公本作「洪德第四十五」。

dà chéng ruò quē qí yòng bú bì dà yíng ruò chōng qí yòng bù qióng
大成若缺，其用不弊①；大盈若沖，其用不窮②。
dà zhí ruò qū dà qiǎo ruò zhuō dà biàn ruò nè zào shèng hán jìng shèng
大直若屈③。大巧若拙④，大辯若訥⑤。躁勝寒⑥，靜勝
rè qīng jìng wéi tiān xià zhèng
熱⑦。清靜爲天下正⑧。

【註釋】①大成若缺，其用不弊：大成，完備。缺：器具破損。引申爲缺漏而不完整。用：功用，功能。弊：衰落，疲憊，破敗。句意爲大道生育萬物而不遺，成就萬物而不棄，全都完備充實，卻又無聲無臭，無形無狀，隨物而顯，隨物而成，與物同體同性，負載在萬物的實體中，不顯

不露。然而它動靜無端，往來不息，可長可久，可有可無，用之不竭，常用常新。以體道的大聖人而言，就是功成身退，謙卑處下，匿身藏譽，聲色不露，默默地造福眾生。②大盈若沖，其用不窮：盈，滿。沖，空虛。窮，窮盡，完結。句意爲大道本體，無欠無缺，圓滿具足，彌倫天地，大無不包，細無不入，無所不有，無處不到，無所不貫。然而大道之體卻虛靈無象，無聲無臭，無形無狀。它的功用無窮，神妙無方，不落方所，不泥跡象，馳騁而無間，妙用而無窮。③大直若屈：屈：彎曲。意指大道生成萬物，無私無欲，上下一理，本末一道，大中至正，卻又柔弱處下，能屈能折，容而能受，順而不爭。④大巧若拙：拙，魯鈍、笨拙之意。句意爲大道至精至巧，造物無聲，巧妙無跡，成就千品萬類、千姿百態的萬物萬象，然而大道卻淳厚質樸，不顯不露，純是天然，無作無爲，毫無技巧，又象是笨拙無能，愚鈍不化。⑤大辯若訥：辯，能言善辯。訥，拙嘴笨舌。句意爲大道不言而四時行，不辯而萬物生，不施於言辭，不喧於口談，看似拙嘴拙舌，其實大辯不言。⑥躁勝寒：指急行趨進，疾步奔走，就會生熱身暖，汗流浹背而克勝於寒冷。⑦靜勝熱：指心安氣定，氣定神閒，心神安適自然感覺不到熱氣涌動，燥熱難安。⑧清靜爲天下正：清靜，不偏不倚，無過無不及，與天地同心，萬物同體，不落兩邊，自然而然，無爲無欲，不求正而自正。它是大道之本體，天下之正中。

【譯文】大道生育萬物而不遺，成就萬物而不棄，全都完備充實，卻又無聲無臭，無形無狀，負載在萬物的實體中，不顯不露。然而它動靜無端，往來不息，用之不竭，常用常新。大道圓滿具足，彌倫天地，大無不包，細無不入，無所不有，無處不到，無所不貫。卻又虛靈無象，無聲無臭，無形無狀。然而它的功用無窮，神妙無方，不落方所，不泥跡象，馳騁而無間，妙用而無窮。大道上下一理，本末一道，大中至正，卻又柔弱處下，能屈能伸，容而能受，順而不爭。大道至精至巧，造物無聲，巧妙無跡，成就千品萬類、千姿百態的萬物萬象，然而卻淳厚質樸，無作無爲，毫無技巧，又似笨拙無能，愚頑不化。大道不言而四時行，不辯而萬物生，不施於言辭，不喧於口辯，看似拙嘴拙舌，其實大辯不言。疾步奔走就會生熱身暖而勝於寒冷。心定神安就感覺不到熱氣涌動，燥熱難耐。清靜無爲，不偏不倚，與天地同心，萬物同體，自然而然，無爲無欲，不勉而中，不思而得，從容中道，是大道之本體，天下之大中。

第四十六章

【題解】老子在本章中指出了天下戰亂、社會動盪的根本原因，即統治者貪欲無足、爭強好勝。人心之私欲，是罪惡之源。一念之貪欲起，遂成無邊之浩劫。老子苦心孤詣，教人要止欲生悔，防微杜漸，力戒心外求物，寡欲知足，清靜心身，涵養心性，戒除私念，方可不生憂患。在春秋時代，諸侯爭霸，戰亂頻仍，民不聊生。老子勸誡統治者寡欲知足，返歸大道，以臻於郅治。

老子在此提出了反戰思想，具有深刻的內涵，春秋無義戰，其罪魁禍首便是人的貪欲。上天以好生之德，養育天下蒼生，而戰爭動亂，導致凶災不斷，生靈塗炭，禍國殃民。這種違道背德的行徑，使和諧安泰的自然生命陷入浩劫，必然會招致深重的災難。河上公本作「儉欲第四十六」。

tiān xià yǒu dào　què zǒu mǎ yǐ fèn　tiān xià wú dào　róng mǎ shēng yú
天下有道①，卻走馬以糞②。天下無道③，戎馬生於

jiāo　huò mò dà yú bù zhī zú　jiù　mò dà yú yù dé　gù zhī zú zhī zú
郊④。禍莫大於不知足，咎⑤莫大於欲得。故知足之足，

cháng zú yǐ
常足矣⑥。

【註釋】①有道：指政治清明，無爲而治。②卻走馬以糞：卻：屏去，退回。走馬，驅馳奔騰之馬，即戰馬。糞：施肥，指培植莊稼。此句意爲君王有道，天下太平，無內憂外患，百姓安居樂業，因而使用奔騰的戰馬來耕田種地，積糞肥田。③無道：指暴虐施政，昏庸無德，社會動盪。④戎馬生於郊：戎馬：軍馬，戰馬。生於效：指牝馬生駒於戰地的郊外。此句意爲天下動亂，盜賊滋生，兵戈四起，百姓流離失所，牝馬在戰地的郊外生下小馬駒。⑤咎：過失，罪過。⑥故知足之足，常足矣：意爲知道滿足的這種滿足，是永遠滿足的。

【譯文】國家治理有道，百姓安居樂業，奔騰的戰馬都用來耕田種地，積糞肥田了。國家動亂，戰事頻仍，百姓流離失所，牝馬就只能在戰地的郊外生下小馬駒。禍患沒有比不知足更大的，災難沒有比貪得無厭更慘的。所以，只有知道滿足的這種滿足，才是永遠滿足的。

第四十七章

【題解】本章主旨主要論述大道的認識論。老子闡釋，大道不離於一身，人身一小宇宙，宇宙一大人身。天人一貫，物我同源，萬物一體。窮理則盡性，盡性則知天。萬物皆有備於我，人與萬物同其母，與天地萬物同其心，息息相通，相感而應。天下萬物皆備於人身，大道之理皆寓於人心。所以，天下雖大，不離我之一身；天道雖幽微，不離我之一心。

關鍵在於，一個人應當通過自我修養的功夫，返觀內照，除去心靈的障蔽，清掉物欲的染汙，虛極靜篤，歸根復命，返本還源。如此，才能心如明鏡，圓融無礙，常應常照，如此，才能無所不知，無所不通，清靜無爲，妙用無窮。

道以無爲爲宗，以愼獨爲用，無爲而無不爲，無知而無不知。河上公本作「鑒遠第四十七」。

bù chū hù　zhī tiān xià　bù kuī yǒu　jiàn tiān dào　qí chū mí
不出户，知天下；不窺牖①，見天道②。其出彌③

yuǎn qí zhī mí shǎo shì yǐ shèng rén bù xíng ér zhī bù jiàn ér míng bù
遠，其知彌少。是以聖人不行而知，不見而名④，不

wéi ér chéng
爲⑤而成。

【註釋】①窺牖：窺，從小孔隙裏看；牖，窗戶。②天道：即日月星辰運行的自然規律。③彌：更加，越發。④名：通「明」，通達明了。⑤不爲：無爲。

【譯文】大聖人，不出家門而見天下事，不望窗外而知萬事理。世人終日出外索求俗中，即使遠行萬里，也只不過是妄知愈多，真知愈少，其心愈迷。因此聖人不必遠行就能知道天地萬物運行的規律，不必眼見就能說出宇宙人生的真相，不必作爲就能成就其事功。

第四十八章

【題解】本章主旨講「爲學」和「爲道」的問題。「爲學」與「爲道」有所不同，爲道重在「損」之一字。爲道不重耳目之用，不貴識見之多，以益爲損，以損爲益。用心與俗人不同，修持與爲學不一，而是存心養性，返觀內照，使人心漸滅，道心日增，歸於一無所有，以至於無爲。無爲而無不爲，無有而無不有，方可與大道合一，與天地同德。

老子闡釋「爲學」「爲道」之理，惟恐後人溺於人欲之私而損道敗德。同時，也勸告統治者，若不能清淨虛心而無欲無爲，就不足以取天下。河上公本作「忘知第四十八」。

wéi xué rì yì　wéi dào rì sǔn　sǔn zhī yòu sǔn　yǐ zhì　yú wú
爲學日益①，爲道日損②。損之又損，以至③於無
wéi　wú wéi ér wú bù wéi　qǔ tiān xià cháng yǐ wú shì　jí qí yǒu shì
爲。無爲而無不爲。取天下常以無事④，及其有事⑤，
bù zú yǐ qǔ tiān xià
不足以取天下。

【註釋】①爲學日益：爲學，指背誦詞章，學習政教禮樂、百工技藝等做人做事的後天知識。日益，即隨著年齡之增長，人的智識與日俱增，情欲文飾也日益豐多。句意爲從事於學習效倣做人做事的後天知識學問，就會一天天增益其智而補益其能。②爲道日損：損：減損、去除，這裏指去除心中的私心雜念、物欲人欲。爲道，是通過返觀內照的途徑，領悟事物未分化之時，混沌狀態的「道」。此處的「道」，指自然之道，無爲之道。句意爲存心養性，修心學道，就要去妄心，除私欲，日日減損不合大道的習性、毛病，直至純然渾厚，返本還源。③以至：達到。④無事：指無私無欲，無爲無作。⑤有事：指繁苛政舉在騷擾民生。

【譯文】從事於後天做人做事的知識學問，就會日日增益其智而補益其能。存心養性，修心學道，通過返觀內照，內心的物欲、人欲，身上的稟性、習性，就會日日減損，減損而又減損，人欲自淨，天理自真，直至無私無欲、清靜無爲。如果能夠做到順乎自然，無欲無爲，德無爲自化，人無欲自歸，天下無事自正。要想治理好天下，就要清淨虛心、無欲無爲。如果有意施政，政令繁苛，妄行多欲，勞民擾民，就不能治理天下了。

第四十九章

【題解】 本章主旨與第二十七章的主旨一致，都在闡述體道聖人，以身率道。他清靜無為，神妙無方，所行所言，所施所為，無為不通，隨在皆當；他立己立人，人無遺類，成己成物，物無棄材。

聖人因為應事無心，渾然樸拙，不加人為，故而所向披靡，物我俱化，天下人最終都潛移默化地回歸到渾然樸拙、純潔天真、無知無欲的嬰兒般狀態。河上公本作「任德第四十九」。

shèng rén wú cháng xīn yǐ bǎi xìng xīn wéi xīn shàn zhě wú shàn zhī
聖人無常心①。以百姓心為心。善者②，吾善③之；
bú shàn zhě wú yì shàn zhī dé shàn xìn zhě wú xìn zhī bú xìn
不善者，吾亦善之，德④善。信者⑤，吾信⑥之；不信
zhě wú yì xìn zhī dé xìn shèng rén zài tiān xià xī xī wéi tiān xià hún qí
者，吾亦信之，德信。聖人在天下歙歙⑦，為天下渾其
xīn bǎi xìng jiē zhù qí ěr mù shèng rén jiē hái zhī
心⑧。百姓皆注其耳目⑨，聖人皆孩之⑩。

【註釋】 ①無常心：即指應事接物，隨機應變，隨方就圓，隨緣

順物，不落方所，法無定規。②善者：善良的人。③善：善待的意思。④德：假借爲「得」。下文「德信」之「德」亦同。⑤信者：講信用的人。⑥信：以誠信相待。⑦歙：意爲吸氣。這裏指聖人無善無惡、無私無欲、渾然冥合的樣子。⑧渾其心：即使天下人都復歸於渾然樸拙的心態。⑨百姓皆注其耳目：百姓都使用自己的聰明才智，生出許多事端。⑩聖人皆孩之：指聖人待民之心如慈母，無論其善惡，皆遇之以慈，待之以厚，使百姓都回復到嬰孩般純真質樸的狀態。

【譯文】聖人沒有固定的心念，沒有執著的想法，他應事接物，隨方就圓，不落方所，隨機應變，法無定規，無爲不通，隨在皆當。他以百姓的心爲自己的心。對於善良的人，我善待於他；對於不善良的人，我也善待他，這樣善良的人就會更加勉勵行善，不善良的人就會改惡從善，心歸於正。從而使人人向善，同歸善域。對於守信的人，我信任他；對不守信的人，我也信任他，這樣守信的人就會更加勉勵守信，不守信的人就會閑邪存誠，去妄存真。從而使人人守信，同歸信域。體道的聖人無善無惡、無私無欲、渾然冥合、渾渾樸樸。百姓們都專註於自己的耳目聰明，聖人待民如待兒女，無論其善惡，都施以慈母之心，使百姓都回復到嬰孩般純真質樸的狀態。

第五十章

【題解】老子在本章中主要闡述了生死之道，並敘述了人物生死常然之理。老子告誡世人，只因爲貪欲過重，重欲輕身，捨本逐末，執迷逐妄，故而極耗精神，損身敗德，忽生就死。他指明「出生入死」之關要，使人知誡而自悟，又暗示給世人，只有寡欲知足、存心養性，方可養生攝命，長生久視。河上公本作「貴生第五十」。

chū shēng rù sǐ shēng zhī tú shí yǒu sān sǐ zhī tú shí yǒu sān
出生入死①。生之徒②十有三③；死之徒④十有三；
rén zhī shēng dòng zhī sǐ dì yì shí yǒu sān fú hé gù yǐ qí shēng shēng
人之生⑤，動之死地，亦十有三。夫何故？以其生生
zhī hòu gài wén shàn shè shēng zhě lù xíng bú yù sì hǔ rù jūn bú bèi jiǎ
之厚⑥。蓋聞善攝生者⑦，陸行不遇兕⑧虎，入軍不被甲
bīng sì wú suǒ tóu qí jiǎo hǔ wú suǒ cuò qí zhǎo bīng wú suǒ róng qí rèn
兵⑨，兕無所投其角，虎無所措其爪，兵無所容其刃。
fú hé gù yǐ qí wú sǐ dì
夫何故？以其無死地⑩。

【註釋】①出生入死：即指天下萬物，出則爲生，入則爲死。②生之徒：徒，類。意指取生之道的人。③十有三：指人的七情六欲，或九竅四關而言。七情六欲指喜怒哀懼愛惡恨「七情」和眼耳鼻舌身意「六欲」。九竅即指即兩目、兩耳、兩鼻、口、前陰、後陰。四關即指四肢之關竅穴。河上公章句：「言生死之類，各十有三，謂之九竅而四關也。其生也，目不妄視，耳不妄聽。鼻不妄嗅，口不妄言，手不妄持，足不妄行，精不妄施。其死也，反是。」④死之徒：屬於取死之道的一類。⑤人之生，動之於死地：此句意爲求生的欲望太重，貪生過強，反而違背中道，速喪其生。⑥生生之厚：由於求生的欲望太強，奉養身命太過於厚重。⑦攝生者：指善爲養生之人。⑧兕：即古代一種似犀牛類的猛獸。⑨入軍不被甲兵：指入於軍陣之中，出入無妨，往來無害，即使有千軍萬馬，乃至刀戈兵器，也不會被其所害。⑩無死地：即指沒有七情六欲的貪求和欲念，不入取死之道，不被外物所害。

【譯文】天下萬物，皆是出於世而生，入於地而死。取生之道有十三類，那就是去欲除情，守真斷妄，目不妄視，耳不妄聽，鼻不妄嗅，口不妄言，手不妄持，足不妄行，精不妄施。不被七情六欲所擾，不受物欲情欲所害。性明心靜，清靜無爲；取死之道有十三類，那就是目視惡色，耳聞淫聲，鼻嗅奇味，口出敖言，手動非禮，足行非道，精施亂爲。貪求縱欲、迷情逐妄、喜怒無常、愛恨縈心，七情浸染，六欲熏蒸。人本來可以長生久視，卻因爲七情六欲這十三類取死之道的損害，妄動情欲、任意胡爲，戕害身命，忘卻本來，所以命短早亡。爲什麼會如此呢？皆是因爲奉養太厚，求生過重，貪欲甚強所至。

據說，善爲養生之人，心如嬰兒之赤真，無一毫後天情欲，雖行於陸野叢林之地，兇惡的犀牛和猛虎也不會傷害他的性命。入於軍陣之中，出入無妨，往來無害，即使有千軍萬馬，也不會被其所害。兇惡的犀牛雖有角，也不能相觸；猛虎雖有爪，也無從施展；兵器雖有利刃，也不能近其身。爲什麼會這樣呢？因爲他不入取死之道，不被外物所害。

第五十一章

【**題解**】本章主旨，重在強調「道尊德貴」。這一章是第十章和第三十八章的繼續，都是在著重論述「道」的無爲，「德」的妙用。「道」爲大道、至道，「德」爲上德、玄德。大道生長萬物，上德養育萬物。「道」不尊而尊，「德」不貴而貴。天下萬物，無不生於道，無不成於德，故「道」爲至尊，「德」爲至貴。河上公本作「養德第五十一」。

dào shēng zhī dé xù zhī wù xíng zhī shì chéng zhī shì yǐ wàn wù
道生之，德畜之，物形之①，勢成之②。是以萬物

mò bù zūn dào ér guì dé dào zhī zūn dé zhī guì fú mò zhī mìng ér cháng
莫不尊道而貴德③。道之尊，德之貴，夫莫之命而常

zì rán gù dào shēng zhī dé xù zhī zhǎng zhī yù zhī tíng zhī dú zhī
自然④。故道生之，德畜之，長之育之，亭之毒之⑤，

yǎng zhī fù zhī shēng ér bù yǒu wéi ér bú shì zhǎng ér bù zǎi shì wèi xuán
養之覆之⑥。生而不有，爲而不恃，長而不宰，是謂玄

dé
德。

【註釋】①物形之：形，名詞意動用法，使……成形。句意爲道使萬物各成其形，各自依其物性而形成應有的形態。②勢成之：勢，指理勢，即一炁運化的自然場勢，生成萬物的時機。句意爲天地萬物皆順應天地運行之序，陰陽變化之勢，春生夏長、秋收冬藏，由生而長，由幼而壯，由壯而老，由發展而至終亡。如此循環往復，永不停息。③尊道而貴德：指尊崇自然無爲之道，推重尊貴至上之德。④夫莫之命而常自然：命，命令，施令。句意指道德並不自以爲尊貴，萬物也並不有意去尊貴；道德生育長養萬物，並不發號施令，干預指導，萬物也只是各順其性、自然而然，皆是以自性的本能，去依附於道，親近於德。⑤亭之毒之：一本作成之熟之。亭，即安定、停留之意。這裏指萬物各順其性、各成其形、各具其質。毒，同「篤」，厚實，充實。句意指大道於秋季之時，使萬物結果收穫，各得其成果。⑥養之覆之：養，收取，護養。覆，收藏，保護。句意爲大道於冬季之時，使萬物都得以收聚保養。

【譯文】道生成萬事萬物，德養育萬事萬物。道使萬事萬物各自依其物性而形成應有的形態，德使萬事萬物皆順應天地運行之序，陰陽變化之勢，春生夏長、秋收冬藏，循環往復，永不停息。故此，萬事萬物莫不尊崇道而珍貴德。道之所以被尊崇，德所以被珍貴，就是由於道生長萬物而不發號施令，不干預指導，德畜養萬物而不主宰干涉、不居功圖報，萬物各順其性、自然而然，皆以自性的本能，依附於道，親近於德。因而，道生長萬物，德養育萬物，使萬物生長發展，成熟結果，使其受到收聚保養。滋生萬物而不據爲己有，撫育萬物而不恃功圖報，育成萬物而不去主宰它們，這就是奧妙玄遠的德。

第五十二章

【題解】本章重在強調「守母」二字，其要義在於教人「知子守母」。老子見世人迷宗失本，重子棄母，逐浪隨波，不求大道本根，自取終身殃咎。故以道明示天下，警告世人不可徇物而忘本，不可捨本而逐末。當除情去欲，返觀內照，歸根復命，返本還源。河上公本作「歸元第五十二」。

tiān xià yǒu shǐ　yǐ wéi tiān xià mǔ　jì dé qí mǔ　yǐ zhī qí
天下有始①，以為天下母②。既得其母，以知其
zǐ　jì zhī qí zǐ　fù shǒu qí mǔ　mò shēn bú dài　sāi qí duì　bì qí
子③。既知其子，復守其母，沒身不殆。塞其兌，閉其
mén　zhōngshēn bù qín　kāi qí duì　jì qí shì　zhōngshēn bú jiù　jiàn xiǎo
門④，終身不勤⑤。開其兌，濟其事⑥，終身不救。見小
yuē míng　shǒu róu yuē qiáng　yòng qí guāng　fù guī qí míng　wú yí shēn yāng
曰明，守柔曰強⑦。用其光，復歸其明⑧，無遺身殃⑨；
shì wéi xí cháng
是為習常⑩。

【註釋】①始：本始，此處指「道」。②母：根源，此處指「道」。③子：指大道生成的天地萬物。④塞其兑，閉其門：塞，即關閉、堵住之意。這裏指沉默自守，不尚言談。兑，指孔穴，孔竅；閉，即神不外游，心不外用。門，指門徑。此句意爲：塞住嗜欲的孔穴，閉上欲念的門徑。⑤勤：勞作。⑥開其兑，濟其事：開，打開，啟開。濟，引申爲完成。此句意爲：打開嗜欲的孔穴，增加紛雜的事件。⑦見小曰明，守柔曰強：小，細微。強，強健，自強不息。此句意爲：能洞見精微幽隱之事，就叫做聖明；能持守柔弱處下之道，就叫做強大。⑧用其光，復歸其明：發光體本身爲「明」，照向外物爲「光」。「明」爲體，應之內爲內照；「光」爲用，應之外爲外用。光向外用照射，明向內照透亮。⑨無遺身殃：意爲不給自己帶來麻煩和災禍。⑩習常：修習常道。

【譯文】大道生一，一生二爲陰陽，二生三爲天地人三才，而後演化天地萬物，大道即爲天地萬物的根本。如果認知了天地萬物的這個大根大本，就能真正地認知和掌握天地萬物。如果已經認知了天地萬物，就要循守大道而清靜無爲，柔弱空虛，如如不動。如此，就能終身不會危殆。塞住嗜欲的孔穴，閉上欲念的門徑。如此，則一生都不會勤苦勞頓。打開嗜欲的孔穴，增加紛雜的事件。恣情縱欲，如此，則一生都不會脱離勤苦而止於危殆。

能洞見精微幽隱之事，就叫做聖明；能持守柔弱處下之道，就叫做強大。如果能夠把應事接物的功用外求用來返觀內照，除情去欲、絶慮忘緣，如此內於己身就會清浄圓明，通體透亮。外於功用就能不偏不倚，隨處皆當，不會給自己帶來任何麻煩和災禍。能夠如此去做，就是修習自然真常之道。

第五十三章

【題解】老子在本章中表達了對統治者不能體認大道，以身率道，以道治國的惋惜，也控訴了對統治者背道離德，妄行施爲，致使天下陷入深重災難的一種痛惜。在本章之中，老子不止一次地規勸統治者循守大道，少私寡欲、清淨無爲。如三章、十九章、五十七章、七十五章等都揭露了春秋戰國時期尖銳的社會矛盾。

本章同樣描述了春秋戰國時期社會的黑暗和統治者給人們帶來的深重災難，尤其是統治者濫用權力，妄行施爲，對百姓姿意橫行，搜刮榨取，終日荒淫奢侈，過著腐朽靡爛的生活，而天下卻民不聊生、饑荒遍地。

大道極簡極易，至平至庸，無天人之別，無物我之分，本不難行，只因不能體悟無爲之妙，所以身中有道不識道，身邊有道不行道，所以離道日遠，背道日弛。人若不行大道而走小徑，便是顚倒了人生旅途，錯亂了來到世間的初衷，也就枉費了天地大道的片片苦心！河上公本作「益證第五十三」。

shǐ wǒ jiè rán yǒu zhī xíng yú dà dào wéi yí shì wèi dà dào shèn
使我介然有知①，行於大道，唯施是畏②。大道甚
yí ér mín hào jìng cháo shèn chú tián shèn wú cāng shèn xū fú wén
夷③，而民好徑④。朝甚除⑤，田甚蕪，倉甚虛；服文
cǎi dài lì jiàn yàn yǐn shí cái huò yǒu yú shì wèi dào kuā fēi dào yě
綵⑥，帶利劍，厭飲食，財貨有餘。是謂盜夸⑦，非道也
zāi
哉！

【註釋】①使我介然有知：我，指有道的聖人。老子在這裏托言自己。介，大。此即忽然之意。微有所知，稍有知識。此句意：如果我忽然有點認知。②唯施是畏：施，通「迆」。邪、斜行。意指唯一懼怕的是有所施爲，誤入邪途。③夷：平坦。④徑：邪徑。⑤朝甚除：朝，指朝廷。除，宮殿德的臺階。此處指朝廷大興土木，宮殿林立，巍然峻極，臺榭高築，奢侈豪華，比喻朝政腐敗。句意指朝政腐敗至極。⑥服文綵：綵，同「彩」。服，衣服，服裝。用作動詞，意爲穿著衣服。文綵，艷麗而錯雜的色彩。句意：侯王百官都穿著華麗錦繡的衣服。比喻朝廷奢侈浮華。⑦盜夸：夸，指夸耀炫露自己的財富名貴。盜夸即大盜、盜魁，盜竊別人的名利，夸爲己之富有。

【譯文】如果我忽然有點認知，在大道上行走，唯一懼怕的就是有所施爲，誤入邪途。大道坦然平直，暢通無阻，而世人放著大路不走，卻喜歡走斜徑。朝廷已經腐敗至極，弄得農田荒蕪，倉庫空虛。而君王還依然穿著華麗錦繡的衣服，佩帶著鋒利的寶劍，飽食美味佳肴，搜刮佔有的錢財寶物堆積如山。這些只不過是盜世夸名，自私自利，奢侈炫耀而已，是強盜的頭子，是不合大道的啊！

第五十四章

【題解】老子在本章之中重在闡述「道」的功用，卽「德」的巨大作用。此章爲四十七章和五十二章的重要補充。在本章中，老子講了修身的原則、方法和作用。修身的原則卽觀心得道，善觀者，通過日常觀心、觀身、觀家、觀鄉、觀國、觀天下萬物，皆爲一道所生，一德所化。心身與萬物同體，德與天下同化，則我與天下同一。正所謂人我一體，物我無分，道不離身，身不離道，一身載道，道統萬有。修身於斯，治國於斯，體道於斯，一身兼萬道，萬道盡於一身。於是乎，身修則國治，神安則天下安，通於一則萬事畢。

這就是儒家的內聖外王之事，格致誠正、修齊治平之綱目。觀心得道卽自明己身之明德，明德既明，擴而充之，親民新民、修齊治平之能事畢矣。如此便臻於至善，天地俱化，萬物同體，形神俱妙，與道合一。河上公本作「修觀第五十四」。

shàn jiàn zhě bù bá　shàn bào zhě bù tuō　zǐ sūn yǐ jì sì bú chuò
善建者不拔①，善抱者不脫②。子孫以祭祀不輟③。

xiū zhī yú shēn qí dé nǎi zhēn xiū zhī yú jiā qí dé nǎi yú xiū zhī yú
修之於身，其德乃真[4]。修之於家，其德乃餘。修之於

xiāng qí dé nǎi cháng xiū zhī yú guó qí dé nǎi fēng xiū zhī yú tiān xià qí
鄉，其德乃長；修之於國，其德乃豐。修之於天下，其

dé nǎi pǔ gù yǐ shēn guān shēn yǐ jiā guān jiā yǐ xiāng guān xiāng yǐ
德乃普[5]。故以身觀身[6]，以家觀家，以鄉觀鄉，以

guó guān guó yǐ tiān xià guān tiān xià wú hé yǐ zhī tiān xià rán zāi yǐ cǐ
國觀國，以天下觀天下。吾何以知天下然哉？以此。

【註釋】①善建者不拔：建，立。拔，拔起，拔出。此處指去掉，動搖之意。句意指：善於守道建德，以道立身、立國者，他的建樹不會輕易被搖動。②善抱者不脫：抱，即抱一，持守大道。脫，脫失，拔脫，此處指心神外馳、精氣耗散。句意指：善於抱元守一，持守大道的人，必然不會有所脫失。③子孫以祭祀不輟：輟，停止、斷絕、終止。此句意爲：祖祖孫孫都能夠遵守「善建」「善抱」的道理，所以祖廟不被廢棄，祭祀不會絶止。④修之於身，其德乃真：即以道德修治自身、除情去欲、絶慮忘緣，抱樸守拙、涵養身心，如此所立之德便能真實不虛，功用無盡，澤被無窮。⑤修之於天下，其德乃普：意指明德既明，至德大化，廣施普澤，彌倫天地，恩育萬物。⑥以身觀身：即以自身察看觀照別人之身，人我一體，物我無分。眾人之身同於己身，己身即天下眾人之身。

【譯文】善於守道建德，以道立身、立國者，他的建樹就會堅不可摧。善於抱元守一，以道修身者，就會心不外馳，氣不外散，神融氣合，道不離身，一生受用無窮。如果子子孫孫都能夠遵守「善建」「善抱」的道理，那麼祖廟世代都不被廢棄，祭祀世代都不會斷絶。以道治身，除情去欲、絶慮忘緣、抱樸守拙、涵養

身心，如此體道行德便能真實不虛，金剛不壞，澤被無盡，妙用無窮。以道齊家，他的德性就會佑及子孫後代；以道興鄉，他的德性就會使民俗淳厚，德風長久；以道治國，他的德性就能使德運隆盛，國泰民安；以道行於天下，他的德性就能使聖賢的德教普化萬民，而同歸善域。

以自身觀眾人之身，眾人之身同於己身，己身即天下眾人之身，人我一體，物我無分。如此則己身修而天下眾人之身皆修。以自家觀眾人之家，眾家之親，即自家之親，教於自家，即教於眾家，一家教，而家家皆教，一家齊而家家皆齊。聖人以自鄉觀眾人之鄉，眾人之鄉，即我家之鄉，一鄉風俗淳樸，鄉鄉民風淳美，一鄉親睦和善，鄉鄉親睦和善。以我國觀鄰國，道同天下，國無二別，德澤恩化，一視同仁。德化萬國，國亦無國，同其道德，天下歸於一國。以天下觀天下，大道生育萬有，天下唯在一心，如此明德既明，止於至善，至德大化，廣施普澤，彌倫天地，恩化萬物。

吾何以知一德立，天下之萬善並立；一德成，天下之萬理俱成。正是以此德此觀，觀身、觀家、觀國、觀天下，處處皆同，在在不二。大同至善，無往而不善；至德之理，無往而不一。

第五十五章

【題解】本章前半部分引「赤子」爲喻來闡述大德渾厚之人的高妙境界，後半部分則告誡世人只有致虛處柔、居靜守常方可如赤子般一團元氣、渾然在抱、渾渾淪淪、無知無欲。如此方能含宏光大，厚德無疆，歸根復命，返於大道。而心神外馳，縱欲使氣，迷情逐妄、任意妄爲、背離常道，終遭禍殃而自戕身命。河上公本作「玄符第五十五」。

hán dé zhī hòu　bǐ yú chì zǐ　fēng chài huǐ shé bú shì　měng shòu bú
含德之厚，比於赤子①。蜂蠆虺蛇不螫②，猛獸不

jù　jué niǎo bù bó　gǔ ruò jīn róu ér wò gù　wèi zhī pìn mǔ zhī hé ér
據③，攫鳥不搏④。骨弱筋柔而握固⑤。未知牝牡之合而

zuī zuò　jīng zhī zhì yě　zhōng rì háo ér bú shà　hé zhī zhì yě　zhī hé
全作⑥，精之至⑦也。終日號而不嗄⑧，和之至也。知和

yuē cháng　zhī cháng yuē míng　yì shēng yuē xiáng　xīn shǐ qì yuē qiáng　wù
曰常⑨，知常曰明⑩，益生曰祥⑪，心使氣曰強⑫。物

zhuàng zé lǎo　wèi zhī bú dào　bú dào zǎo yǐ
壯則老，謂之不道，不道早已。

【註釋】①含德之厚，比於赤子：赤子，即新生之嬰兒。句意：含藏道德深厚的人，含宏光大，厚德無疆，有如初生的嬰兒一般，一團元氣、渾然在抱、渾渾淪淪、無欲無知。②蜂蠆虺蛇不螫：蠆，蠍子一類的毒蟲。虺，古書上說的一種毒蛇。螫，即「蜇」，指蜂、蠍一類的毒蟲用毒牙毒刺等行毒傷人。③猛獸不據：據，指狼豺虎豹等獸類用爪、足等攫取物品。④攫鳥不搏：搏，鷹隼用爪擊物。攫鳥，即「鷙鳥」指鷹隼一類用腳爪抓取食物的鳥禽。⑤骨弱筋柔而握固：意指嬰兒雖然身體柔軟，筋骨柔弱，手握成拳則攥緊不松，手持於物則會牢固不失。⑥未知牝牡之合而全作：全作，一說作「朘作」，朘，即男嬰的生殖器。朘作，指男嬰生殖器勃起。牝牡之合，即指男女交合。⑦精之至：指精氣充沛到了極點。⑧號而不嗄：嗄，嗓音嘶啞。句意指：嬰兒無心無念，雖終日號叫啼哭而不傷元氣。⑨知和曰常：和，指陰陽二氣合和的狀態。常，指事物運作的規律。句意指：懂得使神氣內斂，心氣專一，神凝氣和，就能順應自然真常之道，健行不息、直而無害。⑩知常曰明：明，指心性空明圓融、虛靈不礙，無所不通，無所不知。句意指：懂得自然真常之道，就能洞達陰陽，同乎造化，無所不通，無所不知。⑪益生曰祥：益生，縱欲貪生。祥，這裏指妖祥、不祥之意。句意指：想方設法防以一切的手段來增益生命，反而自招禍殃，自害身命。⑫心使氣曰強：強，逞強、強暴。句意指：心性欲念，妄施精氣，任意胡爲，耍橫逞強，就會變得剛強、壯盛。

【譯文】道德深厚的人，含宏光大，厚德無疆，有如初生的嬰兒一般，一團元氣、渾然在抱、渾渾淪淪、無欲無知。毒蟲不會蜇刺他，狼豺虎豹不會傷害他，鷹隼老雕不會搏擊他。他雖然身體柔軟，筋骨柔弱，但拳頭卻握得很牢固。他雖然沒有男女交合之欲，但他的小生殖器卻常常自動勃起，這是因爲精氣充沛到了極點的緣故。

嬰兒雖終日號叫啼哭而不傷元氣，嗓音不沙啞，這是因爲嬰兒一團元氣，渾然純厚，無心無念的緣故。懂得使神氣內斂，心氣專一，神凝氣和，就能順應自然真常之道，而健行不息、直而無害。懂得自然真常之道，就能洞達陰陽，同乎造化，無所不通，無所不知。貪生縱欲就會自招禍殃，妄施精氣就會狂暴逞強。物極必反，事物壯大了，必然都會走向衰敗，這就不是中庸之道，不遵循中庸之道很快就會滅亡。

第五十六章

【題解】本章主旨主要講修道之人返歸大道的方法、原理和得道之人超脫物外而又和光同塵，窮神知化而又與物周流的妙處。

有道之人行不言之道，無分別，忘名相，貴賤親疏，非我所有；榮辱得失，非我所屬。他渾同於天地之間，而天地不知；他妙用於萬物之中，而萬物不覺。有道之人混世同俗，體萬物而不遺，化萬物而不有。河上公本作「玄德第五十六」。

zhì zhě bù yán yán zhě bù zhì sāi qí duì bì qí mén cuò qí
知者不言，言者不知①。塞其兌，閉其門②，挫其
ruì jiě qí fēn hé qí guāng tóng qí chén shì wèi xuán tóng gù bù kě
銳，解其分，和其光，同其塵③，是謂玄同④。故不可
dé ér qīn bù kě dé ér shū bù kě dé ér lì bù kě dé ér hài bù kě
得而親，不可得而疏，不可得而利，不可得而害，不可
dé ér guì bù kě dé ér jiàn gù wéi tiān xià guì
得而貴，不可得而賤⑤，故爲天下貴⑥。

【註釋】①知者不言，言者不知：此句是說，明了大道的人，靈通妙

悟，心與道合，難於言表，妙而不言，而多嘴多舌者，不明大道，不悟本性，言語道斷，誇誇其談，離道愈遠。②塞其兌，閉其門：指塞住嗜欲的孔穴，閉上欲念的門徑。③挫其銳，解其分，和其光，同其塵：此句意爲消磨它的銳氣無爲而不爭，消除它的紛擾清淨而柔弱，調和它的光輝幽隱而不明，混同於塵垢，卑微而處下。分通「紛」。亂，雜。④玄同：玄妙齊同，即「道」。⑤不可得而親，不可得而疏，不可得而利，不可得而害，不可得而貴，不可得而賤：這幾句是說「玄同」的境界已經超出了親疏、利害、貴賤等世俗的範疇。有道之人，不以得到什麼而心生歡喜，而親其所得；也不因未得到什麼而心起怨尤，而疏遠於人。不計較個人得失，無有親疏之別，得與不得，都是一心。不可因得利而動心，也不可因未得利而以爲是害，不與人爭利，不與人強爭氣。不可因得貴而自以爲貴，亦不可因不得貴而失志喪德，視貴賤爲一，守賤以爲德。⑥天下貴：這句話是總結親疏、利害、貴賤之義，而言得道之人心不知貴、心不求貴、貴不可見、貴不可知，與天地同體，與造化同游，所以是天下人最爲尊貴的大道厚德之人。

【譯文】明了大道的人，靈通妙悟，心與道合，難於言表，妙而不言，而多嘴多舌者，不明大道，不悟本性，言語道斷，誇誇其談，離道愈遠。塞住嗜欲的孔穴，閉上欲念的門徑。消磨掉銳氣無爲而不爭，消除了紛擾清淨而柔弱，調和著光輝幽隱而不明，混同於塵垢，卑微而處下。這就是玄妙齊同的大道。

所以，得道之人，不以得到什麼而心生歡喜，而親其所得，也不會因爲未得到什麼而心起怨尤，而疏遠於人。不計較個人得失，無有親疏之別，得與不得，都是一心；得道之人，不會因爲得到利益而動心，也不會因爲得到利益而以爲是害，不與人爭利，不與人爭氣；得道之人，不會因爲得到尊貴而自以爲貴，也不會因爲得不到尊貴而失志喪德，他視貴賤爲一，守賤以爲德。得道之人心不知貴、心不求貴、貴不可見、貴不可知，與天地同體，與造化同游，所以是天下人最爲尊貴的大道厚德之人。

第五十七章

【題解】老子在本章中重在強調和重申「無爲而治」的思想。他復述了對統治者少私寡欲、清淨無爲、循守大道的諄諄規勸。

自春秋戰國之時起，世人離道日遠，背道日馳。老子悲憫世人遠離道德之苦，恐後人痛失道德，荒廢本來，故留下五千言，以拯救子孫後代之本性。春秋之時距三皇治世已漫滅久遠，統治者欲心日增，世事日變，道德日薄，人心愈亂。天下世人背離大道已經很久遠了，人心不古，教化難行也已經很長遠了。凡有心作爲者，以有爲之治，致使道德廢而私巧出，法制成而盜賊猖。從而善惡周流，窮久不止，治亂交替，輪回不息。老子主張以「無欲」「無事」「無爲」來治天下，使百姓各遂其性，各順其長，積善立德，復歸大道。河上公本作「淳風第五十七」。

yǐ zhèng zhì guó yǐ qí yòng bīng yǐ wú shì qǔ tiān xià wú hé
以正治國①，以奇用兵②，以無事取天下③。吾何
yǐ zhī qí rán zāi yǐ cǐ tiān xià duō jì huì ér mín mí pín mín duō lì
以知其然哉？以此：天下多忌諱，而民彌貧④；民多利

qì guó jiā zī hūn rén duō jì qiǎo qí wù zī qǐ fǎ lìng zī zhāng
器，國家滋昏⑤；人多伎巧，奇物滋起⑥；法令滋彰，

dào zéi duō yǒu gù shèng rén yún wǒ wú wéi ér mín zì huà wǒ hào
盜賊多有⑦。故聖人云：「我無爲，而民自化⑧；我好

jìng ér mín zì zhèng wǒ wú shì ér mín zì fù wǒ wú yù ér mín zì
靜，而民自正⑨；我無事，而民自富⑩；我無欲，而民自

pǔ
樸⑪。」

【註釋】①以正治國：正，端正，正直，不偏不倚，持守正道。指統治者端方正直，體道行德，正己化人，故而人心自公，民風自純，無爲而治。②以奇用兵：奇：奇邪、詭異。指用權變奇異之術領兵作戰。③以無事取天下：取天下，治理天下。指當以無欲無爲，任道任德，以道治化於天下，以大德感於天下。④天下多忌諱，而民彌貧：忌諱：又指禁忌，即法律政令所不允許之事。意指爲政者勞役賦稅等法令繁多，違背民心，妨害民利，導致百姓愈來愈貧窮。河上公章句曰：「天下謂人主也。忌諱者防禁也。令繁則奸生，禁多則下詐，相殆故貧。」⑤民多利器，國家滋昏：利器：鋒利的武器，此處指權柄、權力。意指讓從政者掌握的權力越多，就越容易滋生出許多腐敗之人，貪權謀私、害國害民，政令不通，上下互欺，國家就會越混亂。河上公章句曰：「利器者權也。民多權則視者眩其目，聽者惑於耳，上下不親，故國家混亂。」⑥人多伎巧，奇物滋起：人：一本作「民」，一本作「朝」。本書依前者作解。伎巧：指技能、智巧。奇物，華而不實之物，非常之物，奇邪之物。起：產生，發生。句意爲：技能、智巧的人越多，所製作的珍奇精美之物也就越多。河上公章句曰：「人謂人君、百里諸侯也。多技巧，謂刻畫宮觀，雕琢章服，奇物滋起，下則化上，飾金鏤玉，文秀彩色日以滋甚。」⑦法令滋彰，盜賊多有：法令，即治國之法，度律之令。滋，通「孳」。滋生，繁殖。彰：明顯，

顯著。句意爲：國家的法令越繁多，盜賊也就越猖獗。河上公章句曰：「法物，好物也。珍好之物滋生彰著，則農事廢，饑寒並至，而盜賊多有也。」⑧我無爲而民自化：我：指君主自己。自化，自我化育。句意爲：我無私無欲，無作無爲，百姓自然而然就會順從教化，而同歸於治。⑨我好靜，而民自正：自正，自我循守正道。句意爲：我虛心恬淡，清淨無爲，不言不教，百姓自然而然就會行事忠正，循守正道。⑩我無事，而民自富：自富，自給自足，富足有餘。句意爲：我無欲無爲，順乎自然，百姓自然而然就會自給自足，富足有餘。河上公章句曰：「我無徭役徵召之事，民安其業，故皆自富也。」⑪我無欲，而民自樸：自樸，心性自我化歸樸實渾厚。句意爲：我沒有私心貪欲，渾然純樸，一片天然，百姓自然而然就會心性純真，而樸實渾厚。河上公章句曰：「我常無欲，去華文，微服飾，民則隨我爲質樸也。」

【譯文】以中正方直、不偏不倚之道治理國家，以權變奇異之術用兵作戰，以無爲、清靜之道治化天下。我怎麼知道是這種情形呢？根據就在於此：天下的禁令、忌諱越多，而老百姓就越陷於貧窮；從政者掌握的權力越多越重，貪權謀私、害國害民的腐敗之事就會越多，政令不通，上下互欺，國家社會就會越來越昏亂；技能智巧越多，珍奇精美之物也就製作的越多；國家的法令越繁多，盜賊也就越猖獗。

所以有道的上古聖君說：「我無私無欲，無作無爲，百姓自然而然就會順從教化，而同歸於治；我無欲無爲，順乎自然，百姓自然而然就會自給自足，富足有餘；我沒有私心貪欲，渾然純樸，一片天然，百姓自然而然就會心性純真，而樸實渾厚。」

第五十八章

【題解】前面幾章重在論述「德」在政治、社會、人生中的體現，本章主講在政治、社會、人生中辯證法的應用。

老子深知在上者，過於以智施政，導致民不聊生，以致奇正相反，禍福無正。在上者失於中道，在下者必然失於中道而受害。上下皆失中道，因此上不能行無爲之政，下不能復天性本源，互相顛倒，互相錯亂。或正復爲奇，或善轉爲妖。這都是因爲世人離道已遠，迷之日久，故顛倒無所不至。

老子以殷切慈悲之心，仁愛天下眾生。他反復強調，一再叮囑。一是爲了匡道救失，使百姓復歸天然本性；二是爲了挽回天下，使爲政者修無爲之德，行不言之教，造福天下，臻於郅治。由此可知，老子深有寄望於天下後世殷切之心。河上公本作「順化第五十八」。

qí zhèng mèn mèn qí mín chún chún qí zhèng chá chá qí mín quē quē

其政悶悶，其民淳淳①；其政察察，其民缺缺②。

huò xī fú zhī suǒ yǐ　fú xī huò zhī suǒ fú　shú zhī qí jí　qí wú zhèng
禍兮福之所倚，福兮禍之所伏③。孰知其極？其無正④。

zhèng fù wéi qí　shàn fù wéi yāo　rén zhī mí　qí rì gù jiǔ　shì yǐ shèng
正復爲奇，善復爲妖⑤。人之迷，其日固久⑥。是以聖

rén fāng ér bù gē　lián ér bú guì　zhí ér bú sì　guāng ér bú yào
人方而不割⑦，廉而不劌⑧，直而不肆⑨，光而不燿⑩。

【註釋】①其政悶悶，其民淳淳：政，政治，政事，政教。悶悶，政事寬大，不立機巧，昏昏昧昧，似若渾噩不明之貌。淳淳：一本作「醇醇」，一本作「沌沌」，淳樸厚實，忠誠寬大之貌。此句意爲：聖君行政施教無作無爲，昏昏昧昧，似若渾噩不明，卻是一種無爲德化的大治。他治下的百姓都敦厚淳樸、一派天然古風。②其政察察，其民缺缺：察察，形容爲政者明察詳審，任智使法，對民苛刻嚴厲的情形。缺缺，形容缺然若失、偷薄詐僞、多生狡詐之貌。此句意爲：施政者私智妄用，私心妄爲，政令煩多、苛刻嚴厲、明察詳審，不順民情，不隨時務，強加民意。他治下的百姓都偷薄詐僞、機巧多智、狡猾奸詐。③禍兮福之所倚，福兮禍之所伏：禍，災禍凶害之事。福，福德吉祥之事。倚，仗恃、倚靠、倚賴。伏，潛藏，埋伏。此句意爲：眼前發生的災禍凶害之事中，潛藏著福德吉祥。目前出現的福瑞之事中，就匿藏著災禍危難。④其無正：正，定、止之意。其，指福、禍變換。此句意爲：禍福無門，交替變換，唯在心正與否。禍因心轉，福由心作。能知禍畏禍而不招禍，禍自不會臨身；得其福而不損其福，福亦不會離身。⑤正復爲奇，善復爲妖：正，方正、端正；奇，反常、詐僞；善，善良，仁愛；妖，邪惡、妖邪。此句意爲：天下沒有絕對之事，方正可以轉變爲詐僞，仁善可以轉變爲邪惡。⑥人之迷，其日固久：指世人背離正道，迷於禍、福之門，不知陰陽變化之機，不曉進退存亡之理，不明循環相生之道，爲時已經很長久了。

⑦方而不割：方，方正，守正，徇規矩、不謀私、不妄爲、無私念。割，割裂、傷害。此句意爲：守正持道而卻不因此傷害於人。⑧廉而不劌：廉，即清而不貪，潔而不染。劌，割傷。此句意爲：是非分明，清正廉潔，若有稜有角，卻不刺傷於人。⑨直而不肆：直率而不放肆。直，率真，直率。肆，放縱，放恣。此句意爲：聖人雖率真直爽，卻曲己從人，不恣肆放縱。⑩光而不燿：光，光亮通透，即無處不照，無理不通。此句意爲：聖人雖無理不通，德光無處不照，無所不知，卻能深藏斂抑、渾渾暗昧，從不向世人顯露炫耀。

【譯文】聖君治世，看似昏昏昧昧，渾噩不明，卻是一種無爲德化的大治。他治下的百姓都敦厚淳樸、熙熙皞皞。庸君治世，明察詳審、苛刻嚴厲，看似勵精圖治，儼若神明。他治下的百姓卻都偷薄詐僞、機巧多智。

災禍危難是福善吉祥的生長之地，福善吉祥是災禍危難的藏身之所。誰能知道它的結果最終是什麼呢？天下沒有絶對之事，禍福無門，惟人自召。禍因心轉，福由心作。方正可以轉變爲詐僞，仁善可以轉變爲邪惡。世人背離正道，迷於福善禍淫之門，不知陰陽變化之機，不曉進退存亡之理，不明循環相生之道，爲時已經很長久了。

因此，有道的聖人守持正道而卻不因此傷害於人；是非分明，清正廉潔，若有稜有角，卻不刺傷於人；率真直爽，卻曲己從人，從不恣肆放縱；無理不通，德光無處不照，卻能深藏斂抑、渾渾暗昧，從不向世人炫耀。

第五十九章

【題解】本章重在闡述治國與修身的原則和方法。老子論述治國事天的根本法則，以示人立本窮源。治國與修身的根本，全在於積德重德，沒有厚德作基礎，則不能治人事天。只有積德至極，方可心與道合，德與天同，而長生久視。

世人能夠攝身養生、修心養性、歸根復命，重返先天的大道之中，就可以治理天下國家，即以修身之道平治天下。明德既明，自性既彰，如此擴而充之，大而化之，親民新民，止於至善，如此修齊治平，內聖外王之道畢矣。河上公本作「守道第五十九」。

zhì rén shì tiān mò ruò sè fú wéi sè shì wèi zǎo fú zǎo
治人事天[1]，莫若嗇[2]。夫唯嗇，是謂早服[3]。早

fú wèi zhī chóng jī dé chóng jī dé zé wú bú kè wú bú kè zé mò zhī qí
服謂之重積德[4]。重積德則無不克[5]，無不克則莫知其

jí mò zhī qí jí kě yǐ yǒu guó yǒu guó zhī mǔ kě yǐ cháng jiǔ
極[6]。莫知其極，可以有國。有國之母[7]，可以長久。

shì wèi shēn gēn gù dǐ cháng shēng jiǔ shì zhī dào
是謂深根固柢[8]，長生久視之道[9]。

【註釋】①治人事天：治人，治理百姓；事天，即順天，指保守精氣、養護身心、順乎天性、頤養天年，全其自然而不施人爲。對「天」的解釋，一說指身心，一說指自然。此句意爲保養天賦。②嗇：即愛惜、保養之意。形容少私寡欲、知足常樂、斂神靜氣、存心養性。③早服：即在物欲未萌生之前，就早先爲修心積德做好準備。④重積德：即不斷地、更多地積累自己的德行。⑤無不克：克，勝任，戰勝。意指無所不勝。⑥莫知其極：意指沒有人能夠知道它的窮極，即德性的力量沒有窮盡，遍滿虛空，無邊無際。⑦有國之母：有國，即保國之意。母，根本、原則。此句意爲：保有了國家的根本。河上公章句曰：「國身同也。母，道也。人能保身中之道，使精氣不勞，五神不苦，則可以長久。」⑧深根固柢：河上公章句曰：「人能以氣爲根，以精爲蒂，如樹根不深則拔，葉蒂不堅則落。言當深藏其氣，固守其精，無使漏泄。」⑨長生久視之道：長久地維持、長久存在。

【譯文】治理百姓和存心養性，沒有比少私寡欲、保養精氣更爲重要的了。只有斂藏心志、少私寡欲、保養精氣、清靜無爲才能在物欲未萌生之前，就提前預防。防微杜漸，閑邪存誠，做好窒欲的準備就是不斷地積功累德。不斷地積功累德，直至功德無量、心性明悟、圓融無礙，就沒有什麼做不到的事情。沒有做不到的事情，事事圓融、處處自在就能身心合道，德性顯現，身心合道、德性顯現，德光就能流行無間、妙用無窮、遍滿虛空，無處不照、無所不通、無量無邊。

德合天地，道通萬有，就能順天應人，身擔社稷、治國安邦，造福萬民。掌握了修身治國的根本大道，一身載道，道不離身，從而身修而國治，國治而天下安，如此便能實現百姓的道德教化，成就國家的長治久安。涵養心性、保養精氣、無私無欲、抱樸守一就是深化生命的元氣，堅固人性的道根，如此就能與道合真，長生不死、常駐不壞。

第六十章

【題解】本章老子以「治大國，若烹小鮮」爲比喻，再一次深刻地重申「無爲而治」的道理。

小魚很鮮嫩，用刀亂切或在鍋裏多次攪動，肉就會碎掉。治國亦是此理，要像煎小魚那樣，不可妄行施爲。

聖君要以道治國、以德化民、順乎自然，處無爲之事，行不言之教，如此就能以正化邪，以德化民，鬼神無用，聖人無爲，天下熙熙，萬民安泰。河上公本作「居位第六十」。

zhì dà guó ruò pēng xiǎo xiān yǐ dào lì tiān xià qí guǐ bù shén fēi
治大國若烹小鮮①。以道涖天下②，其鬼不神③。非
qí guǐ bù shén qí shén bù shāng rén fēi qí shén bù shāng rén shèng rén yì bù
其鬼不神，其神不傷人④。非其神不傷人，聖人亦不
shāng rén fú liǎng bú xiāng shāng gù dé jiāo guī yān
傷人⑤。夫兩不相傷⑥，故德交歸焉⑦。

【註釋】①治大國若烹小鮮：小鮮，小魚。此句意爲：聖君行政施教，治理大國就要像烹煮小鮮魚一樣，不可胡亂攪弄。②以道莅天下：莅，臨視，治理，統治，管理。意指聖君體道行德，以道治國，以德化民，而臨視天下。③其鬼不神：鬼，人死之精魂。神，靈驗。此處指妖邪作亂。此句意爲：聖君在位，大道流行，邪不勝正，神明在上，妖邪不敢出來作亂。④其神不傷人：指鬼神各歸其正，各得其理，陰陽各歸其位，各安其分，正道大行，神明在上，邪不干正，鬼神各守其道，不敢爲禍作亂，傷害百姓。⑤聖人亦不傷人：指聖人以道治國，德合天地、理合神明，浩氣充塞，教化天下，無所不化，無處不有。各行其道，各安其位，互不相傷，天下熙熙。⑥夫兩不相傷：即鬼神和聖人都不傷害於百姓。⑦故德交歸焉：指鬼神之德合於聖人之德，兩德相合，天下萬物各得其理，各正其性，如此百姓安定，天下大治。

【譯文】治理大國就要像烹煎小鮮魚一樣，不要經常去攪動它。聖君以道治國，以德化民，而臨視天下。鬼怪不敢出來作亂。不是鬼怪不敢出來作亂，而是神明在上，聖君在位，鬼神各歸其正，各守其道，根本就不會爲禍作亂，傷害百姓。鬼神各歸其正，各守其道，不傷害百姓，並非是自歸正途，而是因爲聖君在位，天理流行，聖人體道行德、清靜無爲，不擾於民，不煩於事，不害於民。鬼神之德合於聖人之德，兩德相合，互不相傷，聖人德合天地、理合神明，天下萬物各得其理，各正其性，大德敦化，教化大行，如此百姓安定，天下大治。

第六十一章

【題解】本章是老子針對諸侯之間爭強好勝、兼併作戰的動亂局面，提出處理大國與小國之間關係的準則，告示天下：大國與小國都應當循守大道，謙卑處下，無爲不爭。大國無慢下之患，小國無傲上之憂，彼此懷德順道，天下必然無事而太平。

道無尊卑，德有大小。道之尊，不以國之大小而尊；德之大，不以位之尊卑而大。有道德者，法天地自然之理，體無爲自然之化，心普化萬物而無心，情順萬事之情而無情。小大相忘，人我不分，渾然一體。心德湛然，不存物欲之私；天理純全，不起好惡之見。處於上者，如天之覆，無所不容；處於下者，如地之載，無所不納。到此天地，虛心忘己之道，無往而不妙感；以靜處下之德，無往而不妙應。天下之國，雖不求兼蓄，卻未有不能兼蓄者；雖不求入事，卻未有不入事者。河上公本作「謙德第六十一」。

dà guó zhě xià liú tiān xià zhī jiāo tiān xià zhī pìn pìn cháng yǐ jìng
大國者下流①，天下之交，天下之牝②。牝常以靜

shèng mǔ　yǐ jìng wéi xià　gù dà guó yǐ xià xiǎo guó　zé qǔ xiǎo guó　xiǎo guó
勝牡③，以靜爲下。故大國以下小國，則取小國，小國
yǐ xià dà guó　zé qǔ dà guó　gù huò xià yǐ qǔ　huò xià ér qǔ　dà guó
以下大國，則取大國。故或下以取，或下而取④。大國
bú guò yù jiān xù rén　xiǎo guó bú guò yù rù shì rén　fú liǎng zhě gè dé qí suǒ
不過欲兼畜人⑤，小國不過欲入事人⑥。夫兩者各得其所
yù　dà zhě yí wéi xià
欲，大者宜爲下。

【註釋】①大國者下流：指大國應當如江河的下游入海處一樣，百川滙聚，不拒細流，如此愈見其大。②天下之交，天下之牝：一本作「天下之牝，天下之交也」。交，會集、會總、交匯。意爲：大國若能雌柔處下、自謙自抑，毫無一國之私，眾望所歸，猶如百川歸海，萬流所歸。大國交往於一切小國，一切小國自然都願意甘居處下，事於大國。③牝常以靜勝牡：牝，即雌性，牡，即雄性。此句意爲：雌性總是以持虛守靜而勝於雄性。④或下以取，或下而取：下，謙下；取，借爲聚。此句意爲：大國謙卑處下而取得小國的歸附，而小國謙遜低下則歸聚依附於大國，取得大國的庇護。⑤兼畜人：兼，兼併，合併。意指大國想要兼併容納小國，把人聚在一起加以養護。⑥入事人：入事，即歸附順從之意。意指小國不過想歸附而聽命於大國。

【譯文】大國要像居於江河下游那樣，使天下百川滙聚，處在天下雌柔的位置。大國若能雌柔處下、自謙自抑，自然眾望所歸，猶如百川歸海，萬流滙聚。大國交往於一切小國，一切小國自然都願意甘居處下，歸附於大國。雌柔常以持虛守靜而勝過雄強，這是因爲它虛靜處下，柔弱低下的緣故。

大國若能謙卑處下而禮遇小國，就會去得小國的信任，小國也甘於歸附依從。小國若能謙下忍讓而尊敬大國，就會被大國容納和庇佑。因此而言，大國謙卑處下而取得小國的歸附，而小國謙遜低下則歸聚依附於大國，取得大國的庇護。大國不過想要兼併容納小國，小國不過想要歸附而聽命於大國。這樣大國小國各自得到自己所欲求的，大國更應當要謙下忍讓。

第六十二章

【題解】本章再一次重申大道的功用和益處，老子認爲清靜無爲的「道」，不僅是善良之人的法寶，而且還是不善之人必須保有的。善人化於道，則求善得善，有罪者化於道，則免惡入善。

道雖無形無相，但卻無物不藏。道雖無位無名，但道之貴卻無所不尊。人能得此道奧之妙，就是敦本立極，止於至善之地。修之於身，用之於天下，就會無往而不善。河上公本作「爲道第六十二」。

dào zhě wàn wù zhī ào shàn rén zhī bǎo bú shàn rén zhī suǒ bǎo měi yán
道者萬物之奧[1]。善人之寶，不善人之所保[2]。美言
kě yǐ shì zūn xíng kě yǐ jiā rén rén zhī bú shàn hé qì zhī yǒu gù
可以市[3]，尊行可以加人[4]。人之不善，何棄之有。故
lì tiān zǐ zhì sān gōng suī yǒu gǒng bì yǐ xiān sì mǎ bù rú zuò jìn cǐ
立天子，置三公[5]，雖有拱璧以先駟馬[6]，不如坐進此
dào gǔ zhī suǒ yǐ guì cǐ dào zhě hé bù yuē qiú yǐ dé yǒu zuì yǐ miǎn
道[7]。古之所以貴此道者何。不曰：求以得，有罪以免
yé gù wéi tiān xià guì
邪[8]？故爲天下貴。

【註釋】①道者萬物之奧：奧，深藏之意。此句意爲：大道深藏萬物無所不容，它生生不息，是天地萬物的根本歸宿。②不善人之所保：保，保護，不讓受到損害。此句意爲：大道使不善之人受到保護，得到恩惠，不善之人也要保持它。③美言可以市：意指美好的言辭，可以有助於促成交易。市指交易。④尊行可以加人：意指尊貴的德行，可以給人施加積極影響。⑤三公：古代稱大臣司馬、司徒、司空爲三公；一說太師、太傅、太保爲三公。⑥拱璧以先駟馬：拱璧，指雙手捧著貴重而特大的玉璧；駟馬，四匹馬駕的車，即爲一乘。古代的獻禮，輕物在先，重物在後。故而先贈送貴重而特大的玉璧，然後再贈送駟馬一乘的重禮。⑦坐進此道：進，進言，進獻。此句意爲：席坐而論說進獻清靜無爲之大道。⑧有罪以免邪：有罪的人得到「道」，可以免去罪過。

【譯文】道是深藏萬物之所，是天地萬物的歸宿。善人明理守道，恩惠於眾，普行於世，它是善良之人的大寶。不善之人，不明大道，背天逆理，倒行逆施，無惡不作，一旦遷善改過，就能得到大道的保護，受到大道的恩惠，它是不善之人的保護者。善美的言辭可以有助於促成交易，尊貴的德行可以給人施加影響。

善與不善都是源於大道本源，本性毫無差別，不善之人只是大道不明、物欲未化，若善人以大道美言善行傳之於世，不善之人自然受其感化，悔過自新，改惡從善。人雖有不善者，爲何要對他棄置不顧呢？

因此設立天子，置任三公重臣，就是爲了以道治國，以德化人，教化天下不善之人，使之同歸善域。因而天子三公即使有拱璧在前，駟馬隨後的隆重朝聘禮儀，遠不如把大道作爲進獻之禮，抱道而行。古人之所以看重推崇大道的原因是什麼呢？不就是因爲誠心向道，必有所得，有罪改過，就能除災免難嘛？因此道爲天下人所尊貴。

第六十三章

【題解】本章主旨意在闡發「無爲而無不爲」的道理，老子講「爲無爲，事無事，味無味」的道理。即強調立德務本、道心用事。無論立身行道、接人待物、處世爲人，皆以出世之心行入世之事，以無爲而爲，以無事而事，以道心應凡，以無心行事，事上無心，心上無事。處處皆是凡塵瑣事，在在咸爲聖心妙境，身在塵中，心逸塵外。如此，以平常心應事接物對待一切，沒有什麼做不到的事情。河上公本作「恩始第六十三」。

wéi wú wéi shì wú shì wèi wú wèi dà xiǎo duō shǎo bào yuàn yǐ
爲無爲，事無事，味無味[1]。大小多少[2]，報怨以
dé tú nán yú qí yì wéi dà yú qí xì tiān xià nán shì bì zuò yú
德[3]。圖難於其易[4]，爲大於其細[5]，天下難事，必作於
yì tiān xià dà shì bì zuò yú xì shì yǐ shèng rén zhōng bù wéi dà gù néng
易。天下大事，必作於細。是以聖人終不爲大，故能
chéng qí dà fú qīng nuò bì guǎ xìn duō yì bì duō nán shì yǐ shèng rén yóu nán
成其大。夫輕諾必寡信，多易必多難。是以聖人猶難
zhī gù zhōng wú nán yǐ
之[6]，故終無難矣。

【註釋】①爲無爲，事無事，味無味：無味，謂清純淡泊、平淡無奇。此句意爲以無爲之心去做爲，以無事之心去應事，以無欲之境去處俗。即終日有爲，而卻無有爲之心，終日應事，而卻無事存心，終日交於世情俗事，而卻毫無情欲，淡泊無味。是謂皆順乎自然，不立己見，因感而應，不起私心。②大小多少：大生於小，多起於少。一說爲大其小者，多其少者，意指雪中送炭，扶危濟困，損有餘而補不足。一說爲大其小者，多其少者，大、多用作動詞，意爲推崇、尊尚、推重，意指柔弱處下、無欲無爲、簡易質樸。一說爲大其小者，多其少者，意指抑富濟貧，消除兩極分化，化解敵對情緒，實現和諧同存理想。一說爲大的看作小，小的看作大，多的看作少，少的看作多，一說爲去其大，取其小，去其多，取其少。一說爲欲大反小，欲多反少。本書不作依從，皆以德統之，以道應之，數類咸賅。③報怨以德：對別人的怨恨，以仁心善德來對待。④圖難於其易：意指凡遇難事，應先從容易處下手。⑤爲大於其細：意指凡遇大事，必須先從細小之處著眼。細：小。⑥聖人猶難之：即聖人猶之難之，意指聖人做事，哪怕是很容易的事，也謹慎認真地對待，以易事作難事。

【譯文】以無爲的心態去有所作爲，以無事的心念去應事接物，以淡泊清净的心境去體味人情世道。不管是柔弱處下、無欲無爲，還是扶危濟困，損有餘而補不足，不管是怨恨多少，憎惡多寡，還是辯證對待、互轉互化，都能以仁心善德統一對待，心不動念，以德大化。

欲做成難事，應先要從容易處下手；欲辦成大事，必須先從細小之處著眼。天下的難事，都是先從簡易的地方做起的；天下的大事，都是先從細小之事開端的。因此，有道聖人不動私念，不生欲心，不恃功居傲，所以才能成就大事。輕易允諾別人的要求，必定很少能夠兌現。把事情看得太容易，勢必遭受很多困難。因此，聖人做事，以易事作難事，一直看重困難，哪怕是很容易的事，也要謹慎認真地對待，所以就從沒有什麼辦不了的難事。

第六十四章

【題解】本章和第三十六章一樣，重在教導人們認知大道「微明」之理，重申陰陽互根、相互轉化的自然辯證法。世間萬物萬事，皆有隱有顯，有微有明。微明之機，百姓日用卻不知，顯於面前而不見。微明之理，雖劫運變遷而不能移，聖人出世而不能易。用之於修身莫見乎隱，莫顯乎微，用之於治世見微知著，以小見大。老子進一步闡述了事物發展變化的規律，理同上一章，天下萬事萬物皆是從微小的地方爲開端而發展演變的。同時也告誡人們，無論做什麼事情，都要慎終慎始，持之以恒，堅心定性，守道不移。河上公本作「守微第六十四」。

qí ān yì chí qí wèi zhào yì móu qí cuì yì pàn qí wēi yì sàn
其安易持，其未兆易謀①，其脆易泮，其微易散②。
wéi zhī yú wèi yǒu zhì zhī yú wèi luàn hé bào zhī mù shēng yú háo mò jiǔ
爲之於未有，治之於未亂。合抱③之木，生於毫末④；九
céng zhī tái qǐ yú lěi tǔ qiān lǐ zhī xíng shǐ yú zú xià wéi zhě bài zhī
層之臺，起於累土，千里之行，始於足下。爲者敗之，
zhí zhě shī zhī shì yǐ shèng rén wú wéi gù wú bài wú zhí gù wú shī mín zhī
執者失之⑤。是以聖人無爲故無敗，無執故無失。民之

cóng shì cháng yú jǐ chéng ér bài zhī shènzhōng rú shǐ zé wú bài shì shì yǐ
從事，常於幾成而敗之，慎終如始，則無敗事。是以

shèng rén yù bú yù bú guì nán dé zhī huò xué bù xué fù zhòng rén zhī suǒ
聖人欲不欲，不貴難得之貨⑥；學不學，復衆人之所

guò yǐ fǔ wàn wù zhī zì rán ér bù gǎn wéi
過⑦，以輔萬物之自然，而不敢爲⑧。

【註釋】①其安易持，其未兆易謀：安，平靜，穩定。持，掌握，控制。兆，徵兆。未兆，即事物尚未開始之時的微妙現象。謀，謀劃處置，思考明悟。此句意爲：在清淨安寧，心閒無事的狀態之下，道心最容易持守，在心念未起，身處無欲，尚無任何是非善惡、吉凶悔吝徵兆的狀態之下，最容易持守中正，守性不移。②其脆易泮，其微易散：脆，易折斷。泮，通「判」，分散，分解。散，分散，消散。此句意爲：在事物脆弱的時候，最容易消解，在事物隱微不顯的時候，最容易消除。河上公章句曰：「禍亂未動於朝，情欲未見於色，如脆弱易破除也。」③合抱：兩臂環抱，形容樹身之粗大，需要衆人連手才能圍攏。④毫末：比喻極其細小的東西，此處指萌芽的幼苗。⑤爲者敗之，執者失之：一說是二十九章錯置於此。本書仍依從本章作解。此句意爲：有意施爲，廢於自然，不能永固，必有衰敗之時；強守執著，不能長久，必有失去之時。河上公章句曰：「有爲於事，廢於自然；有爲於義，廢於仁慈；有爲於色，廢於精神也。」⑥是以聖人欲不欲，不貴難得之貨：此句仍疑爲二十九章錯置於本章。本書仍依從本章作解。此句意爲：聖人追求世人不追求，所不能追求的，見素抱樸，致虛守靜，清靜無爲，不以難得的財貨寶物爲珍奇貴重，而是以德爲貴，不賤石而貴玉。河上公章句曰：「聖人欲人所不欲。人欲彰顯，聖人欲伏光；人欲文飾，聖人欲質樸；人欲於色，聖人欲於德。」⑦學不學，復衆人之所過：過，即過失、偏差之意。此句意爲：聖人學常人之所不願學、所不能學。持之以純樸，以德大化天下，使衆

人認知過失，棄惡從善，去詐復淳，去昧復明。皆歸於中正大道，復歸於渾厚淳樸的中正之道。⑧以輔萬物之自然，而不敢爲：此句意爲：聖人遵循萬物的自然本性，尊重眾人的本然德性，順著人和物的本性，引誘疏導，因循自然，使萬物各歸其正，使眾人返本復初，無欲無爲，不敢有所造作，妄加施爲。

【譯文】在清淨安寧，心閒無事的狀態之下，道心最容易持守，在心念未起，身處無欲，尚無任何是非善惡、吉凶悔吝徵兆的狀態之下，最容易守性不移，持守中正。在事物脆弱的時候，最容易消解，在事物隱微不顯的時候，最容易消除。做事情要在它尚未萌生的時候，就加以處理制止；治理國政，要在禍亂尚未產生之前就預先準備。合抱的大樹，生長於幼小的萌芽；九層的高臺，築起於每一堆壘起的泥土；千里的遠行，從腳下的第一步開始走出來。

有意施爲，廢於自然，必有衰敗之時；強守執著，不能長久，必有失去之時。因此聖人無所作爲所以也不會招致失敗，無所執著，所以也不遭受損害。人們做事情，往往功敗垂成，所以當事情快要完成的時候，也要像開始時那樣愼重，就沒有辦不成的事情。因此，聖人追求世人不追求，不能追求的，見素抱樸，致虛守靜，清靜無爲，以德爲貴，不稀罕難得的財貨寶物。聖人學常人之所不願學、所不能學的。匡善救失，以德感化天下，使眾人認知過失，棄惡從善，復歸於渾厚淳樸的中正之道。聖人遵循萬物的自然本性，尊重眾人的本然德性，順著人和物的本性，引誘疏導，因循自然，使萬物各歸其正，使眾人返本復初，無欲無爲，不敢有所造作，妄加施爲。

第六十五章

【題解】此章主旨重在闡述以道治國，無爲而治，以德大化於天下的道理，寄望世人循玄德而修，告誡統治者有意施爲，妄行干預最終都會導致「慧智出，有大僞」。妄行施爲，必然會大道廢，流弊出，天下安和不能長保。

無爲而治，處無爲之事，行不言之教，大智若愚，大巧若拙，無爲無敗，無執無失。使天下百姓「虛其心，實其腹，弱其志，強其骨，常使民無知、無欲」，卽「非以明民，將以愚之」如此則天下百姓都能復歸原始質樸、淳厚的人性，而返樸還淳、歸根復命。天道行而萬物順，聖德修而萬民化。河上公本作「淳德第六十五」。

gǔ zhī shàn wéi dào zhě fēi yǐ míng mín jiāng yǐ yú zhī mín zhī nán
古之善爲道者，非以明民，將以愚之[1]。民之難
zhì yǐ qí zhì duō gù yǐ zhì zhì guó guó zhī zéi bù yǐ zhì zhì guó
治，以其智多[2]。故以智治國，國之賊[3]；不以智治國，
guó zhī fú zhī cǐ liǎng zhě yì jī shì cháng zhī jī shì shì wèi xuán
國之福。知此兩者，亦稽式[4]。常知稽式，是謂「玄

dé xuán dé shēn yǐ yuǎn yǐ yǔ wù fǎn yǐ rán hòu nǎi zhì dà shùn
德」。玄德深矣，遠矣！與物反矣⑤，然後乃至大順⑥。

【註釋】①非以明民，將以愚之：明民，指教民以聰明智巧，讓人民知曉巧詐。明，知曉巧詐。愚，此處指敦厚、樸實，沒有巧詐之心。不是愚弄、蒙昧。此句意爲古之聖人治世，不是教民聰明智巧，讓人民知曉巧詐，而是教民以笨拙、質樸之道，使老百姓無巧詐之心，敦厚樸實、善良忠厚，都能復歸本然天性。②智多：意爲巧詐多生，心智多起。智，巧詐、奸詐，而非爲智慧、知識。③賊：傷害之意。④稽式：法式、法則，一本作「楷式」。⑤與物反矣：反，通「返」。此句意爲玄妙至德和天地萬物復歸於自然真樸之道。⑥大順：指復歸大道，合於自然。

【譯文】古代善於體道行德的聖人治世，不是教導人民知曉智巧僞詐，而是教導人民淳厚樸實。古之聖人治世，不是教民聰明智巧，讓百姓知曉巧詐，而是教民以笨拙、質樸之道，使百姓無巧詐之心，敦厚樸實、善良忠厚，都能復歸本然天性。百姓之所以難以治理教化，就在於巧智心愈多，失真性愈強，詐僞便愈多，離道也愈遠。因此用智巧聰明治理國家，禍國殃民，流毒甚廣，與道大乖。不用聰明智巧治理國家，而是施以德治，行於無爲，上無智，下無巧，民心淳樸，復歸於道。百姓和樂，天下安泰，這是國家的福祉。

認知了「國之賊」和「國之福」這兩者的本質差別，就明了造福百姓之益，禍國殃民之害，就能夠捨有爲行無爲，以道治國，以德化民，使天下風化，同歸善域，這就是治國教民的法則。若能以身載道，常行法則，抱樸含真，守性不移，念茲在茲，朝斯夕斯，片時不卸，須臾不離，便是至誠無妄的「玄德」。「玄德」玄妙深奧，清靜幽遠，至虛至實，無名無相，與道合體，幽隱難明，它和天地萬物同歸於自然真樸，合於大道，而同於自然。

第六十六章

【題解】本章主旨以江海之低窪善下而納百川所歸聚，取喻統治者虛心忘己、自卑謙下，以下爲上，以後爲前的不爭之理。君王能守辱處下，則爲萬民所擁戴，君王能謙讓不爭，則爲天下所敬重。

老子在本書之中，對於治國之道，重申復述，一言以蔽之，皆是教導君王柔弱處下、無爲而治。天下戰亂紛紛，君王嗜欲妄爲，百姓民不聊生，天下久違大道已經很遠了，老子欲挽救世道，匡正人心，苦口婆心，施愛播仁，千言不厭，勸諭不止。人類只有重返無爲，復歸大道，方可救世導民，而臻於郅治。河上公本作「後己第六十六」。

jiāng hǎi suǒ yǐ néng wéi bǎi gǔ wáng zhě yǐ qí shàn xià zhī gù néng wéi
江海所以能爲百谷王①者，以其善下②之，故能爲
bǎi gǔ wáng shì yǐ shèng rén yù shàng mín bì yǐ yán xià zhī yù xiān mín bì
百谷王。是以聖人欲上民，必以言下之；欲先民，必
yǐ shēn hòu zhī shì yǐ shèng rén chǔ shàng ér mín bú zhòng chǔ qián ér mín bú
以身后之。是以聖人處上而民不重③，處前而民不

hài shì yǐ tiān xià lè tuī ér bú yàn④ yǐ qí bù zhēng gù tiān xià mò néng yǔ
害。是以天下樂推而不厭④。以其不爭，故天下莫能與

zhī zhēng
之爭。

【註釋】①百谷王：谷：兩山間的夾道或流水道，或指兩山之間。此句意指：天下的細流河川歸往滙聚之地。②善下之：指善於自卑處下。③重：累，意爲勞累、沉重。④樂推而不厭：推，擁戴，推舉。此句意爲：天下百姓都樂意推舉他做君王，而沒有厭離之心。

【譯文】江海之所以能成爲百川滙聚的眾流之王，是因爲它善於自卑處下，所以能夠成爲百川之王。因此有道聖君要治化天下，統治人民，在言辭上必須要謙下，要想治化天下，領導人民，就要身居人後，大公無私。因此，有道聖君雖然高居在百姓之上，而百姓卻並不感到負擔承重而辛苦勞累。身居於百姓之前，而百姓並不感到有所妨礙。因此天下百姓都樂意擁戴他做君王，而沒有厭離之心。因爲他無私無欲，無人無我，不與百姓相爭，所以天下沒有人能和他相爭。

第六十七章

【題解】本章是「道」的自述，得之體爲道，行之用爲德，體道行德，道德全備，便會眞道大成。此章是老子對《德經》三十八章以來的概括和總結。「慈」「儉」「不敢爲天下先」，此三寶即是道之用，德之行，以顯喻隱，以理言德。老子慈悲心切，開示大道，施教世人以「三寶」，旨在度化世人，欲使天下後世持寶識道，而不致於墮入死地。

「慈」，即仁慈，以仁慈愛其身，此身即能不死不壞而入道。「儉」即持身儉用，儉心養性，能儉心養性，就能人事塵勞簡從，而少私寡欲，復命歸根。「不敢爲天下先」即能和光同塵，與世無爭，柔弱處下，虛靜謙讓，一念不生，心如止水，復歸清淨本來。

「道者反之動」，「弱者道之用」大道的辯證，相互作用，相反相成，其體性而歸根，其運用而爲德，以鈍爲利，以退爲進，即能復歸於道。河上公本作「三寶第六十七」。

tiān xià jiē wèi wǒ dào dà sì bú xiào fú wéi dà gù sì bú xiào
天下皆謂我道大，似不肖①。夫唯大，故似不肖②。
ruò xiào jiǔ yǐ qí xì yě fú wǒ yǒu sān bǎo chí ér bǎo zhī yī
若肖，久矣其細也夫③。我有三寶④，持而保之⑤：一
yuē cí èr yuē jiǎn sān yuē bù gǎn wéi tiān xià xiān cí gù néng yǒng jiǎn
曰慈；二曰儉⑥；三曰不敢爲天下先。慈故能勇⑦；儉
gù néng guǎng bù gǎn wéi tiān xià xiān gù néng chéng qì zhǎng jīn shě cí qiě
故能廣⑧；不敢爲天下先，故能成器長⑨。今舍慈且⑩
yǒng shě jiǎn qiě guǎng shě hòu qiě xiān sǐ yǐ fú cí yǐ zhàn zé shèng yǐ
勇，舍儉且廣，舍後且先，死矣！夫慈，以戰則勝，以
shǒu zé gù tiān jiāng jiù zhī yǐ cí wèi zhī
守則固。天將救之，以慈衛之⑪。

【註釋】①天下皆謂我道大，似不肖：我，不是老子用作自稱之詞，指道，道即我，我即道。肖，相似，類似。意指不像具體的事物，沒有任何東西可與道相似。此句意爲：天下之人都稱說大道廣大無邊，彌綸天地，浩渺無垠，無方無體，無法用形名色象來比喻，不像世間某個具體物象。②夫唯大，故似不肖：意指正因爲大道廣博宏大，無方無體，無形無相，所以無可名狀，無法形容。③若肖，久矣其細也夫：意指若用形象比擬，就成爲某個具體事物，那就不是道了。④三寶：即三件法寶，或三條原則。⑤持而保之：即持守它並保養它。⑥儉：即儉樸、勤奮、節儉，亦即收斂節制之意。人能以儉立身，不圖虛華，敦厚篤實，勤以持身，儉以養心，精神內守，不被外物所擾。久而行之，則儉德可備。⑦慈故能勇：勇，這裏並非指世俗輕生喪命，狂暴粗莽之勇，而是指化世度人之大仁大勇。意指慈憫仁善所以能勇於無爲，有無爲之大勇就能無所不救，無所不度。⑧儉故能廣：廣，這裏並非指務外求多，涉獵寬博，而是指恬淡寡欲，清靜無爲與天地相合相應。意指儉約於物，勤儉節約就會家給人足，民用豐厚。嗇愛於身，精神內守，凝神定性，而天人合一，

長生久視。⑨不敢爲天下先，故能成器長：器，指萬物。器長即得道之聖人。此句意指：虛靜謙讓，柔弱處下，和光同塵，與世無爭，敦厚淳樸，無欲無私，復歸清淨本來而爲道聖。⑩且：取用，追求。⑪天將救之，以慈衛之：意指上天欲將救助善人，必定會以仁慈護佑他。

【譯文】天下人都認爲大道廣博宏大，彌綸天地，不落方所，無法用形名色象來比喻，不像世間某個具體物象。正因爲大道無形無相，無方無體，所以無可名狀，無法形容，言語道斷。倘若用形象比擬，就成爲某個具體事物，那就不是道了。我有三件法寶，持守並保養它們：第一件叫做慈愛；第二件叫做儉樸；第三件是退居人後，與世無爭。

秉心慈憫仁善，就能生出大仁大勇來，而勇於無爲，有無爲之大勇就能無所不救，無所不度。儉約於物，就會家給人足，民用豐厚。嗇愛於身，精神內守，凝神定性，就能天人合一，而長生久視。虛靜謙退，柔弱處下，和光同塵，與世無爭，就能復歸清淨本來而成爲天下的有道聖人。

現在的世人，捨棄慈柔之本，仁善之心，一味地盲目追求魯莽豪強，好勇鬥狠；捨棄勤儉之德，惜身之本，一味地追名逐利，窮奢極欲，驕奢淫逸，揮霍浪費；捨棄柔弱之性，謙讓之德，一味地爭強好勝，爭名奪利。這就是自取滅亡。

仁慈之人，百姓親附，上下一心，因此用來征戰就能夠勝利，用來守衛就能鞏固。上天將要救助他，必定會以仁慈來護佑。

第六十八章

【題解】本章主旨，爲老子借用兵之道，以示誡世人，做人處世不可輕露淺躁，不可爭勝好強，不可爭名奪利。故而應當眞誠仁慈，柔弱處下，無爲不爭。

老子深知因物付物，隨物處物，皆是以無爲而感，以無爲而應的道理。所以人能自弱者，才能成其強；能懲忿者，才能全其勇；能自晦者，才能善其用；能自下者，才可以服於衆。以此理處事，則事事必成；以此理接物，而物物順應。天道不爭而萬物自化，聖人不爭而萬民自歸。

無爭之人，推行大道於世，則無處而不可用。用於兵甲對敵，則無敵而不克，而國無不保。用於修己治人，則身無不修，而人無不治。用於建諸天地，而天地自然正而不悖。用之於諸聖人，而聖人之德無極盡。

天道之理，「是以後爲前，以退爲進」。人只有具備無爭無爲的品德，才能常致於人，而又不致於人，才可以與天地之德相配，才符合自然之道，才能達到與道合一的最高境界。河上公本作「配天第六十八」。

shàn wéi shì zhě bù wǔ　shàn zhàn zhě bú nù　shàn shèng dí zhě bù
善爲士者不武①，善戰者不怒②，善勝敵者不
yǔ　shàn yòng rén zhě wéi zhī xià　shì wèi bù zhēng zhī dé　shì wèi yòng rén zhī
與③，善用人者爲之下④。是謂不爭之德，是謂用人之
lì　shì wèi pèi tiān　gǔ zhī jí
力⑤，是謂配天⑥，古之極⑦。

【註釋】①善爲士者：士，即士師，作將帥講。這裏指善於做將帥的人。不武：不崇尚武力，不炫耀武力，不窮兵黷武，不得已而用之。此句意指擅長做將帥的人，兵力雖然強大卻不欺侮人，尊崇道德而不崇尚武力，領兵作戰不得已而爲之。②善戰者不怒：不怒，即不輕易發怒，不以邪怒存心，無有誅殺怒心，以慈心相感。如果怒而出師，慍而交戰，即便是不含有侵伐暴戾的成分，也爲兵家所忌。正如《孫子兵法》所言「主不可以怒而興師，將不可以慍而致戰。」此句意爲：善於用兵作戰的人，不輕易發怒，不以邪怒存心，無有誅殺怒心，而是以慈心相感。」河上公章句：「善以道戰者，禁邪於胸心，絶禍於未萌，無所誅怒也。」③善勝敵者不與：不與：意爲不爭，不正面衝突。即不戰而勝之義。此即孫子所說：「是故百戰百勝，非善之善者也；不戰而屈人之兵，善之善者也。」此句意爲：善於戰勝敵人的人，不正面與敵人交鋒，不戰而屈人之兵。河上公章句：「善以道勝敵者，附近以仁，來遠以德，不與敵爭，而敵自服也。」④善用人者爲之下：意指善於用人的人，不以己爲能，以德爲重，以眾人爲上，禮賢下士，恭敬下屬，從而得到人的誠心輔佐。河上公章句：「善用人自輔佐者，常爲人執謙下也。」⑤是謂用人之力：用人，即行用人道，踐行於人道。此句意爲：這就是能夠集合眾人的智慧和力量。河上公章句：「能身爲人下者，是謂用人臣之力也。」⑥配天：符合天道。⑦古之極：意即達到與天地同德，與道合一的最高境界。

【譯文】善於做將帥的人，尊崇道德而不崇尚武力，領兵作戰不得已而爲之；善於用兵作戰的人，不輕易發怒，不以邪怒存心，無有誅殺暴心，而是以慈心相感；善於戰勝敵人的人，不正面與敵人交鋒，不戰而能屈人之兵；善於用人的人，不以己爲能，而以德爲重，以眾人爲上，禮賢下士，恭敬下屬，從而得到眾人的誠心輔佐。這就是不爭之德，用柔之道；這就是能夠集合眾人的智慧和力量；這就是與自然天道相應，而達到與天地同德，與道合一的最高境界。

第六十九章

【題解】 本章接續前兩章，仍然借用兵之道來闡述以退爲進、柔弱處下、無爲不爭的「道者柔之用」之理。

老子論戰而取喻，談兵以明道，以示慈仁之本，以發君道之正。這正是大道的「反者道之動，弱者道之用」，聞者若能以論兵而悟學道修身之要，卑以自牧，讓以處人，無往而不謹慎，則無往不是道矣。河上公本作「玄用第六十九」。

yòng bīng yǒu yán　wú bù gǎn wéi zhǔ　ér wéi kè　bù gǎn jìn cùn
用兵有言①：「吾不敢爲主②而爲客③；不敢進寸
ér tuì chǐ　shì wèi xíng wú háng　rǎng wú bì　rēng wú dí　zhí wú
而退尺。」是謂行無行④，攘無臂⑤，扔無敵⑥，執無
bīng　huò mò dà yú qīng dí　qīng dí jǐ sàng wú bǎo　gù kàng bīng xiāng jiā
兵⑦。禍莫大於輕敵，輕敵幾喪吾寶。故抗兵相加⑧，
āi　zhě shèng yǐ
哀⑨者勝矣。

【註釋】 ①用兵有言：意即古代善於用兵的人曾有此語。②爲主：

指主動進攻敵人。③爲客：指被動退守，不主動挑戰，不得已而應敵。④行無行：第一個「行」作動詞，指行軍、排列；第二個「行」作名詞，指行列、軍陣。⑤攘無臂：「攘」，即捋袖伸臂，形容以力勝於人。意爲雖然要捋袖伸臂，對方卻看不見揮動的手臂。⑥扔無敵：意爲雖然牽引著敵人使其就範，對方卻看不見我靠近接觸。帛書甲乙二本置於「執無兵」之後。⑦執無兵：兵，刀槍劍戟等古代之兵器。意爲：雖然裝備整齊，嚴陣以待，對方卻看不見我手執的兵器。⑧抗兵相加：意爲兩軍實力相當。⑨哀：愛憐，哀矜。

【譯文】古代善於用兵的人曾經這樣說：「我不敢主動進犯，而採取守勢；不敢前進一步，而寧可後退一尺。」這就叫做雖然有行軍陣勢，對方卻看不見行軍布陣的蹤跡；雖然要阻擊對方，卻像沒有臂膀推抵一樣；雖然擁有強大的軍力牽引著敵人使其就範，對方卻看不見我靠近接觸；雖然裝備整齊，嚴陣以待，對方卻看不見我手執的兵器。（這樣就能天下無敵了。）禍患再沒有比輕敵更大的了，輕敵幾乎喪失了我的「三寶」。所以，兩軍實力相當的時候，悲痛的一方必然會取勝於敵。

第七十章

【題解】老子教人之心急迫，救人之心眞切，因見天下人心失正，大道乖離，私欲熾盛，本性迷失。故而著下《道德經》一部，傳五千餘言，字字見道，句句得理，苦口婆心，反復重述，諄諄教誨，孜孜不倦，寄望天下後世，都能明理知道，返本還源。

可惜，聖人大道，至近至簡，易知易行，卽人以言道，卽道以言身，在在處處，時時念念，無不是道。世人日用而不知，常行而不悟，追逐物欲，障蔽本來。於是，老子深有感嘆地發出：「知我者希，則我者貴」之言。

可見，聖人之性同於天，聖人之心同於道，所以心性一如，動靜不二，而能得道心之本源。大道在聖不增，在凡不減，聖人凡人，皆一道同宗，一德同根。而世人卻以私欲害己心性，被塵俗物欲所蒙蔽，以後天識神爲主，心猿意馬，妄念紛飛，怎麼能通達明了老子的無爲大道呢？河上公本作「知難第七十章」。

wú yán shèn yì zhī shèn yì xíng tiān xià mò néng zhī mò néng xíng
吾言甚易知，甚易行①。天下莫能知、莫能行②。
yán yǒu zōng shì yǒu jūn fú wéi wú zhī shì yǐ bù wǒ zhī zhī wǒ zhě
言有宗，事有君③。夫唯無知，是以不我知④。知我者
xī zé wǒ zhě guì shì yǐ shèng rén pī hè huái yù
希，則我者貴⑤。是以聖人被褐懷玉⑥。

【註釋】①吾言甚易知，甚易行：易知，簡單明了，通俗易懂。易行，簡約明白，容易實行。此句意爲：我的言論簡單明了，通俗易懂，很容易實施踐行。②天下莫能知、莫能行：莫能知，不能明了。莫能行，不能實行。此句意爲：我講的大道，本來易知易懂，但天下人日用卻不知；我所言之理，易明易行，但天下人卻不能行。道不遠人，而人自遠於道，心不迷人，而人自迷於心。見道之理似不見，見道之行而不行，無可奈何。③言有宗，事有君：宗，大道之根。在人則爲心，即不學而知之良知。君，萬事之主。在人則爲心，即不學而能之良能。此句意爲：知道出言的根本就是自己的本心良知，如此，內觀於己，行住坐臥，日常用事，處世應物，言其當言，出言沒有不是善言的，沒有不合乎道性的，故而，言爲天下的法則。通達天地之至理，妙合古今之大道，簡易平實，有本有物。知道做事的主人就是自己的本心良能，如此，慎獨自省，反身而誠，窺見隱微之機，行其當行，做事沒有不是善行的，沒有不合乎大道的，故而，行而爲天下法。考察上古至道都無一悖逆，反觀當今之世而毫不懷疑，坦然直行，爲法爲則。④夫唯無知，是以不我知：意指世人違道久遠，沉溺於物欲私心，常常以後天識神用事，昏昏茫茫，障蔽本來，對自然大道茫然無知。⑤知我者希，則我者貴：希，通「稀」，稀少。則，效法。貴，難能可貴。此句意指：能夠通達明了我的大道本心，能夠實行我的大道至理，能夠修德證道者，難能可貴，我將其看作天下最尊

貴的人。⑥是以聖人被褐懷玉：是以，因此，所以。被，通「披」，穿著。褐，粗布，即古人所穿的粗布衣。懷玉，即懷藏寶玉。比喻胸懷道德，深藏若虛，不炫玉賣弄。此句意指：因此聖人身披粗陋之衣於外，胸懷潔白之玉於內。懷寶匿藏，密而不露，不炫耀於人。

【譯文】我的言論簡單明了，通俗易懂，很容易實施踐行。但天下人日用卻不知，易行卻不能行。道不遠人，而人自遠於道，心不迷人，而人自迷於心。見道之理似不見，見道之行而不行。知道出言的根本就是自己的本心良知，如此，內觀於己，行住坐臥，日常用事，處世應物，言其當言，出言沒有不是善言的，沒有不合乎道性的。知道做事的主人就是自己的本心良能，如此，慎獨自省，反身而誠，窺見隱微之機，行其當行，做事沒有不是善行的，沒有不合乎大道的。

因爲世人沉溺於物欲私心，障蔽了自己的良知、良能，渾渾噩噩，茫然無知，所以不能了悟宇宙人生的大根大本，不能參透道德之妙。能夠通達明了大道之本心，能夠踐行大道之至理，能夠修德證道者，難能可貴，我將其尊爲天下最貴的人。因此聖人身披粗陋之衣於外，胸懷潔白之玉於內。懷寶匿藏，密而不露，不炫耀於人。

第七十一章

【題解】 本章是對五十六章「知者不言」「言者不知」的繼續闡述。對「知不知」的有真道者，稱之爲「上德」，尊而爲貴；對「言者不知」，「不知知」的假知者，稱之爲「病」。老子在此指出世人普遍存在的以「不知以爲知」，自作聰明，強以爲知的毛病。並反復重述，諄諄教誡，其目的在於幫助世人拔除心上的病根，以喚醒其昏昧的心性。

聖人「上知」，所以大智若愚，恬淡自養，不露智慧，好似無知一般。而世人本來無知，而自以爲有知，故謂之「不知知病」。不知言知者，皆是妄心妄言。不僅害了自己的心德，而且也會誤害他人。人貴有自知之明，能將「強不知以爲知」明之於心，自以爲非，反復洗滌，虛心自悔，腳踏實地，常省常察，心不妄思，口不妄言，內不欺己，外不欺人，上不欺天，下不欺地。日久則此病自愈，卽可心清性明。如此柔弱處下，謙和做人，明白平常事物中所含的道理，卽「知常曰明」，「自知者明」，使天下人皆能「介然有知，行於大道」。河上公本作「知病第七十一」。

知不知，上①，不知知，病②。夫唯病病，是以不病③。聖人不病，以其病病，是以不病④。

【註釋】①知不知，上：了解自身所不了解的事情，了解自身有所不了解之處，是謂上德之人。上，即上德。帛書甲乙二本作「尚」。②不知知，病：病，毛病，缺點。意指不知卻言知，不懂裝懂，即強不知以爲知，這就是一種心理病態。凡人對天道之理知之甚少，往往妄議事物之真僞，不知而強裝知，這就是很愚蠢的心病。③夫唯病病，是以不病：第一個「病」，意指醫治、克制、批評、憂慮。第二個「病」，意指缺點、毛病、瑕疵。此句意爲：只有認知明白了「強不知以爲知」的心理病態，而竭盡全力戒除掉這種虛榮心，拔除「不懂裝懂」的病根，恪除自我「病」態，才不會有心病的障礙。④聖人不病，以其病病，是以不病：意指聖人沒有不知強爲知之病，因爲他常以此病爲病，常能憫苦眾人有此病，有此病而非行道之人，所以他沒有此病。聖人洞悉萬物，無所不知，虛懷若谷，唯道是從，想要教化天下無知之人，使其除去「不知以爲知」之病，變得質樸純淨，各守其正，復歸本性之明。河上公章句：「聖人無此強知之病者，以其常苦眾人有此病，以此苦非人，故不自病。夫聖人通達之知，託於不知者，欲使天下質樸忠正，各守純性。小人不知道意，而妄行強知之事以自顯著，內傷精神，減壽消年也。」

【譯文】知道自身所不知道的事情，知道自身有所不知道之處，是謂上德之人。不知卻言知，不懂裝懂，即強不知以為知，這就是一種心理病態。只有認知明了「強不知以為知」的心理病態，而竭盡全力戒除掉這種虛榮心，拔除「不懂裝懂」的病根，恪除自我「病」態，才不會有心病的障礙。聖人沒有不知強為知之病，因為他常以此病為病，常能憫苦眾人有此病，有此病而非行道之人，所以他沒有此病。

第七十二章

【題解】本章主旨，是老子以畏自然因果規律之威，教導天下後世，使世人既知天地的至善至仁，同時又知天道自然法則的無私大威。以此立心制行，則無往而不善，因此以「畏威」而闡述言論。「禍福無門，惟人自召。善惡相報，如影隨形。」一個人，如果追名逐利，肆無忌憚，爲所欲爲，必然會損性而耗命。一個人，如果清靜無爲，無私無欲，不違天道仁善，必然會本體光明，自性彰顯，天眞獨露，正氣浩然，自然獲得天人相助，無災無厄，而福善吉祥。

一個人若能明知自愛心身，能知性命眞義，便能生而「不厭」，居而「不狹」。時時敬畏自然法則，「大威」不至，自心之天理，就能貫穿於萬事萬物之中。河上公本作「愛己第七十二」。

mín bú wèi wēi　zé dà wēi zhì　wú xiá qí suǒ jū　wú yā qí suǒ
民不畏威，則大威至①。無狎其所居②，無厭其所

shēng　fú wéi bù yā　shì yǐ bù yàn　shì yǐ shèng rén zì zhī bú zì xiàn
生③。夫唯不厭，是以不厭④。是以聖人自知不自見⑤，

zì ài bú zì guì　gù qù bǐ qǔ cǐ
自愛不自貴⑥。故去彼取此⑦。

【註釋】①民不畏威，則大威至：威，即威嚴、畏懼之意。大威，指大自然的威力。喻指因不遵循大自然的因果規律，而遭到大自然的懲罰，招致疾病、災禍、死亡等天災人禍的惡報。此句意爲：百姓如果不敬畏天威不害怕威嚇之時，就會招致大自然的報復而自食其果。河上公章句：「威，害也。人不畏小害則大害至。大害者，謂死亡也。畏之者當愛精養神，承天順地也。」②無狎其所居：「狎」，一作「狹」，此處用作動詞。居，指心之居所。此句意爲：心爲神之居所，一個人要做到心胸寬闊，以浩氣臨事，以寬容納物，心神才能安居其所，主宰人體生命。如果有了私心，心中神性的居所必然狹窄。如此行事必然自私自利，自我放縱，而本來的覺性被蒙蔽而不能彰顯。河上公章句：「謂心居神，當寬柔，不當急狹也。」③無厭其所生：厭，同「壓」，壓迫、阻塞。《集韻》：「本作厭，或作壓。」此句意爲：一個人如果飲食不節，邪念滿腹，背道迷色，損精耗氣，恣情縱欲，就不能使其心神清淨而神清氣爽，如此便是傷害本性，壅蔽性靈，掘斷靈根，削骨伐髓，自戕身命。河上公章句：「人所以生者，以有精神。精神托虛空，喜清靜，若飲食不節，忽道念色，邪僻滿腹，爲伐本厭神也。」④夫唯不厭，是以不厭：夫唯，作承上啟下解。前面一個「厭」同「壓」，壓迫、阻塞之意。後面一個「厭」指厭棄、離棄解。此句意爲：世間唯有不壓迫道德精神的人，才能洗心濯垢，恬淡無欲，心地清靜，如此方能心神安定，穩居於人身之所，其精神才能不離棄於心。河上公章句：「夫惟獨不厭精神之人，洗心濯垢，恬泊無欲，則精神居之而不厭也。」⑤自知不自見：指對以上幾句的總結和歸納。意指聖人有自知之明，知己之得失。德充天地，卻從不炫耀自己，從不自顯其德，而是德美藏之於內。河上公章句：「自知己之得失，不自顯見德美於外，而藏之於內。」⑥自愛不自貴：自愛，即自愛心身，洗心養性，涵養道德。不自貴，是指聖人雖自愛性命，自尊自重，但卻不自以爲貴，心與道德同體，身與眾生萬物同塵，無有高低貴賤之分。河上公章句：「自愛其身以保精氣，不自貴高榮名於世。」⑦去彼取此：指去彼「自見」「自貴」，取此「自知」「自愛」。意爲要棄去「自見」「自貴」之偏，而取其「自知」「自愛」之正。能除其「彼」者，則不以聰明炫於外，不以矜高傲於人。能取其「此」，則能無物不格，無妄不除。

【譯文】百姓如果不敬畏天威不害怕威嚇之時，就會招致大自然的報復而自食其果。心爲神之居所，一個人如果有了私心，心中神性的居所必然狹窄。如此行事就會自私自利，自我放縱，而本來的覺性自會障蔽不明。只有做到清淨無欲，心胸寬闊，以浩氣臨事，以寬容納物，心神才能安居其所，主宰人體生命。倘若飲食不節，邪念滿腹，背道迷色，損精耗氣，恣情縱欲，就不能使其心神清淨而神清氣爽，如此便是傷害本性，壅蔽性靈，掘斷靈根，削骨伐髓，自戕身命。唯有不壓迫道德精神的人，才能洗心濯垢，恬淡無欲，心地清靜，而心神安定地穩居於人身之所，其精神才能不離棄於心。

所以聖人有自知之明，知己之得失。德滿天地，卻從不炫耀自己，從不自顯其德，而是德美藏之於內。雖自愛性命，自尊自重，但卻不自以爲貴，心與道德同體，身與眾生萬物同塵，無有高低貴賤之分。棄去「自見」「自貴」之偏，而取其「自知」「自愛」之正。

第七十三章

【題解】本章主旨，與第二十五、七十六章一樣，都是在闡述天道之理。而本章重在論天道無爲而無不爲，以明示天道規律，使天下後世明白天道之理，以救世人之愚昧。

天道者，乃聖人之體；聖人者，乃天道之用。天以無爲而施化萬物，萬物莫不效法天道規律，而行無爲之道。聖人以無心教化天下衆生，萬物莫不遂順於聖人。

天下之道，以柔爲用，以德爲貴。惟有無爲者才能勝物。凡是有欲而爲者，都是取敗之路。在天道面前，順之者昌，逆之者亡；善有善報，惡有惡報，永恒不易。不言而善應，不召而自來，一切吉凶禍福，皆是各人的自作自受，不依人的主觀意志爲轉移。因此，人應當效法天道自然，知勇而謙退，修善而去惡，以柔弱勝剛強，以靜定去制動。如此方可轉禍爲福，與道同心同體。河上公本作「任爲第七十三」。

yǒng yú gǎn zé shā　yǒng yú bù gǎn zé huó　cǐ liǎng zhě　huò lì huò
勇於敢則殺①，勇於不敢則活②。此兩者，或利或
hài　tiān zhī suǒ wù　shú zhī qí gù　shì yǐ shèng rén yóu nán zhī　tiān zhī
害③。天之所惡，孰知其故④？是以聖人猶難之⑤。天之
dào　bù zhēng ér shàn shèng　bù yán ér shàn yìng　bú zhào ér zì lái　chǎn
道，不爭而善勝⑥，不言而善應⑦，不召而自來⑧，繟
rán ér shàn móu　tiān wǎng huī huī　shū ér bù shī
然而善謀⑨。天網恢恢，疏而不失⑩。

【註釋】①勇於敢則殺：勇，指果敢當先。敢，即果敢、勇敢，不虞不懼之意。此句意爲：用剛逞強，橫暴莽撞，缺乏天良理智，少有智謀策略，不講仁善道德，法網敢撞，不顧忌一切，敢於鋌而走險，必然招致殺身之禍。②勇於不敢則活：意指有德之人，柔弱謙下，體恤生靈，常懷仁慈孝敬之心；審時度勢，明於盛衰之道；探知深淺，通達成敗之數；審慎世俗輕重，不輕舉妄動；明白去就之理，不爭強鬥勝，心懷天下，公而無私，見義勇爲，無私奉獻，即使身命雖死，而精神永存。③此兩者，或利或害：兩者，指「敢」與「不敢」。此句意爲「敢」與「不敢」，有的能審時識機，明理知法，知進知退，有勇有謀，不作無謂犧牲。有的卻缺乏機謀，喪失理智，剛強猛烈，魯莽蠻幹，逞強鬥勝，爭名奪利，爲私懷惡，喪盡天良，胡作非爲，害人害己，災禍難免。④天之所惡，孰知其故：惡，即憎恨、厭惡之意。孰，誰。此句意爲：上天有好生之德，萬物有惜命之情，人類有趨利避害之心，天下之人都厭惡勇於恃強、橫暴不仁的不良行爲。誰能通達「勇於敢」與「勇於不敢」的辯證真義，明了「殺」與「活」的隱微機理呢？因爲對天道茫然無知，所以才會常常存有僥倖的心理。⑤是以聖人猶難之：此句可見於六十三章。意指聖人做事，審慎戒懼，即使可以直行無害，臨事也會遲疑審顧，力求事事善始善終，不敢有絲毫的輕忽懈怠。河上公章句：「言聖人之明德猶難於勇敢，況無

聖人之德而欲行之乎？」⑥天之道，不爭而善勝：天之道，指自然規律。此句意指：天道無爲，一切順從自然規律，無聲無息，無欲無求，無爭無辯，從不爭強好勝，但卻能無往而不勝。天不與人爭貴賤，而人卻敬畏之；天不與物爭利，萬物卻無不順天而化。⑦不言而善應：指天道從不以言語使令萬物，但天下萬物卻無不順時而生，無不感時而變。春夏秋冬，四時順序，毫釐不差；日月交替，萬物順行，有生有息，循環不已。萬物皆自應天時，沒有違逆天令者。此皆是天道無聲之應，天道不言之善。⑧不召而自來：意指上天並沒有召喚，沒有發號施令，也沒有以力驅使，但天下寒暑交替，晝夜往來，應時而至，從不遲誤，分秒不差。萬物皆負陰而抱陽，各含陰陽而生，各順天道而行。天雖不召，天下萬物無不自應。來去自然，各遂其性，各行其道，無有違逆，毫無造作，都是自然而然。⑨繟然而善謀：繟然，意爲不急不躁，寬厚而平緩的樣子。此句意爲：天道既無所不容，又平易而緩行，造化萬物，各成其象，各遂其性，無不周全，無爲而玄妙，博大而善謀。河上公章句：「繟，寬也。天道雖寬博，善謀慮人事，修善行惡，各蒙其報也。」⑩天網恢恢，疏而不失：天網，喻指自然規律。恢恢，形容寬闊、廣大的樣子。此句意爲：天道規律恢宏浩大，猶如一張偌大的網，恢恢甚弘，雖疏而密，其司察善惡，毫釐不差；因緣果報，絲毫不爽。天地萬物，概莫能外，違者難逃。

【譯文】用剛逞強，橫暴莽撞，不講仁善道德，不顧忌一切，必然招致殺身之禍。柔弱謙下，體恤生靈，審時度勢，審慎世俗輕重，明白去就之理，心懷天下，公而無私，即使身命雖死，而精神永存。

「敢」與「不敢」，有的能審時識機，明理知法，知進知退，有勇有謀，不作無謂犧牲。有的喪失理智，魯莽蠻幹，逞強鬥勝，爲私懷惡，胡作非爲，害人害己。

上天有好生之德，萬物有惜命之情，人類有趨利避害之心，天下之人都厭惡勇於恃強、橫暴不仁的不良行爲。誰能通達「勇於敢」與「勇於不敢」的辯證真義，明了「殺」與「活」的隱微機理呢？聖人做事，審慎戒懼，即使直行無害，臨事也會遲疑審顧，力求事事善始善終，不敢有絲毫的輕忽懈怠。

天道無爲，一切順從自然規律，從不爭強好勝，但卻能無往而不勝；天道從不以言語使令萬物，但天下萬物卻無不順時而生，無不感時而變。萬物皆自應天時，沒有違逆天令者；天道雖然沒有召喚，沒有發號施令，也沒有以力驅使，但天下萬物無不自應，各遂其性，各行其道，無有違逆，毫無造作，都是自然而然。天道既無所不容，又平易而緩行，造化萬物，各成其象，各遂其性，無不周全，無爲而玄妙，博大而善謀。

天道規律恢宏浩大，猶如一張偌大的網，恢恢甚弘，雖疏而密，其司察善惡，毫釐不差；因緣果報，絲毫不爽。天地萬物，概莫能外，違者難逃。

第七十四章

【題解】本章主旨，在於教化世人要以德爲本，立道德以教化，以天理恪私心。無論治國、治家、治身，不可主次顚倒，不可捨本逐末。罰之以刑，不如教之以理；殺之其身，不如化之其心，正如孔子所言：「道之以政，齊之以刑，民免而無恥；道之以德，齊之以禮，有恥且格。」以道德化人心，民心自歸於正；以酷刑殺人身，民衆死而不懼。

聖君治理天下，以道化世，以德澤民。至後世逐漸道衰德薄，教化不明，世風日下，人心蒙昧，行兇作惡，胡作非爲。君主不明教化之本，不知以德化民，而施行苛政和酷刑，濫殺百姓，壓制民衆，徒害身命而難治其心，最終導致「不畏死」的亡命之徒。君主不能以道治天下，而以刑戮代天之威，猶如拙工代大匠砍木，如果把握不好，沒有不傷及手腳的。

老子悲憫世人愚昧，感嘆君主無道，詳盡地闡述了治世之理，以希冀天下後世挽回人心，重歸道治。河上公本作「制惑第七十四」。

mín bú wèi sǐ nài hé yǐ sǐ jù zhī ruò shǐ mín cháng wèi sǐ ér wéi
民不畏死，奈何以死懼之①？若使民常畏死②而爲
qí zhě wú dé zhí ér shā zhī shú gǎn cháng yǒu sī shā zhě shā fú dài sī
奇者，吾得執而殺之，孰敢③？常有司殺者殺④。夫代司
shā zhě shā shì wèi dài dà jiàng zhuó fú dài dà jiàng zhuó zhě xī yǒu bù shāng
殺者殺，是謂代大匠斲⑤。夫代大匠斲者，希有不傷
qí shǒu yǐ
其手矣⑥。

【註釋】①民不畏死，奈何以死懼之：奈何，怎麼，爲何。意指百姓不畏懼死亡，爲什麼要用殺頭亡命的酷刑來威脅恐嚇他們呢？②若使民常畏死：倘若能使百姓懂得因果自然規律之威，知道死亡可畏，不敢違天欺道，從而改惡從善。如此，民風自然渾厚，天下自然平安。③而爲奇者，吾得執而殺之，孰敢：奇，奇異、反常。爲奇指爲邪作惡的人。意指對那些罪大惡極者處以殺頭極刑，殺一儆百，以殺止殺，使窮兇極惡者不敢再去爲惡。那麼，誰還敢出來作惡呢？④常有司殺者殺：意指天網恢宏，居高臨下，設有專持司察世人善惡的機構。對善者施以福，對惡者罰以罪，準確無誤，真實不虛。⑤夫代司殺者殺，是謂代大匠斲：斲，即用刀斧砍木。意指君王若專權越位，代替爲臣者執殺，越俎代庖，朝政失序，綱常紊亂，必然會禍國殃民。⑥夫代大匠斲者，希有不傷其手矣：指君主以刑戮代天之威，就會像拙夫代替木匠伐木製器一樣，如果把握不好，沒有不傷害自己手腳的。

【譯文】百姓不畏懼死亡，爲什麼要用殺頭亡命的酷刑來威

脅恐嚇他們呢？倘若百姓知法明理，安分守己，都知道死亡可畏，而不敢違天欺道。對那些罪大惡極者處以殺頭極刑，殺一儆百，以殺止殺，誰還敢出來作惡呢？天網恢宏，居高臨下，自然規律，真實不虛，世人善惡果報，絲毫不爽。君王若專權越位，代替爲臣者執殺，越俎代庖，以刑戮代天之威，就會像拙夫代替木匠伐木製器一樣，如果把握不好，沒有不傷害自己手腳的。

第七十五章

【題解】本章主旨與七十二章、七十四章以及七十七章所闡述之理相似，都是對統治者昏庸無道的警告和惋惜。

聖人治世，以道爲尊，以德爲貴，無事而民自富，無欲而民自樸，無爲而民自化，好靜而民自立，自是天下熙熙，安和太平。而今，爲政者貪求多欲，妄施妄爲，導致民不聊生，從而上行下效，民心攪亂，厚生重欲，天下紛紛，無有寧日。

人們往往貪求厚生而縱欲輕死，往往求生太厚，適得其反，偏重於命，反害德性。緣木求魚，南轅北轍，致使性命皆丟，一損俱損，終落空亡。

爲之治世，老子教導爲政者以道治世，以德化民，普天同化，咸樂康寧；爲之修身，老子教導天下後世清靜無爲，寡欲知足，返觀內照，長生久視。河上公本作「貪損第七十五」。

mín zhī jī yǐ qí shàng shí shuì zhī duō shì yǐ jī mín zhī nán zhì
民之饑，以其上食稅之多，是以饑[1]。民之難治，

yǐ qí shàng zhī yǒu wéi shì yǐ nán zhì mín zhī qīng sǐ yǐ qí qiú shēng zhī
以其上之有爲，是以難治②。民之輕死，以其求生之

hòu shì yǐ qīng sǐ fú wéi wú yǐ shēng wéi zhě shì xián yú guì shēng
厚，是以輕死③。夫唯無以生爲者，是賢於貴生④。

【註釋】①民之饑，以其上食稅之多，是以饑：食稅，享受稅賦，靠賦稅而生活。此句意爲：百姓之所以會遭受饑荒，是因爲在上的君王驕奢淫逸、貪求多欲，橫征暴斂，搜刮民脂，而導致百姓窮困潦倒，民不聊生。②民之難治，以其上之有爲，是以難治：有爲，指統治者貪求多欲，妄施妄爲。此句意爲：百姓之所以會難以治理，是因爲在上的君王貪求多欲、任意妄爲，而導致民心離散，令行不止。③民之輕死，以其求生之厚，是以輕死：輕死，不怕死。輕，輕視。此句意爲：世人之所以會自戕身命，是因爲過度地貪求縱欲，極盡聲色耳目之樂，以致氣血枯竭，疾病纏身，性命分離，終落空亡。本來想享受人生，反而落入苦中。④夫唯無以生爲者，是賢於貴生：無以生爲者，指不爲欲望、享受所驅使的人。貴生，指貪圖享受、厚養生命。貴，重視、看重。此句意爲：只有清靜無爲，無欲無求，涵養心性，積功累德，才是真正的厚生、貴生、長生之道。河上公章句：「夫唯獨無以生爲務者，爵祿不干於意，財利不入於身，天子不得臣，諸侯不得使，則賢於貴生也。」

【譯文】百姓之所以會遭受饑荒，是因爲在上的君王驕奢淫逸、貪求多欲、橫征暴斂、搜刮民脂，而導致百姓窮困潦倒，民不聊生。百姓之所以難以治理，是因爲在上的君王貪求多欲、任意妄爲，而導致民心離散，令行不止。世人之所以會自殘其生，自損身命，是因爲過度地貪求縱欲，極盡聲色耳目之樂，以致氣血枯

竭，疾病纏身，性命分離，終落空亡。本來想享受人生，反而落入苦生。

只有清淨無爲，無欲無求，涵養心性，積功累德，才是真正的厚生、貴生、長生之道。

第七十六章

【題解】老子向來主張貴柔、處弱，本章主旨，亦在說明這樣一種觀點。本章以人物草木的生死，引喻天下萬物之理。以用兵之事，引喻天下萬事之用。意在示天下人「以柔爲道」。

老子諄諄教誨，苦心勸世，深以堅強爲戒，以柔弱爲貴，以柔弱爲大道之體，以柔弱爲大道之用。

在本章中，他反復用有形之物、有爲之事作比喻，來反襯大道之理。草木以堅強而死，以柔弱而生，由此理去體悟無形之道，體察柔弱勝剛強之理。不但兵驕必敗，木強則伐，物剛易折等爲自然之理，世間萬物莫不如此。

人生在世，不可逞強鬥勝，而應柔順謙虛，涵養心性，修養柔弱之道。河上公本作「戒強第七十六」。

rén zhī shēng yě róu ruò qí sǐ yě jiān qiáng wàn wù cǎo mù zhī shēng yě
人之生也柔弱，其死也堅強[1]。萬物草木之生也
róu cuì qí sǐ yě kū gǎo gù jiān qiáng zhě sǐ zhī tú róu ruò zhě shēng zhī
柔脆，其死也枯槁[2]。故堅強者死之徒，柔弱者生之

tú　shì yǐ bīng qiáng zé bú shèng　mù qiáng zé gòng　qiáng dà chǔ xià　róu ruò
徒③。是以兵強則不勝，木強則共④。強大處下，柔弱
chǔ shàng
處上⑤。

【註釋】①人之生也柔弱，其死也堅強：意指人活著的時候，真氣充盈，筋骨柔軟，身體靈活，屈伸自如，而人死後，卻筋骨堅硬，身體挺直。②萬物草木之生也柔脆，其死也枯槁：柔脆，形容草木柔軟脆弱。枯槁，形容草木乾枯，枯萎。意指草木萌生之初，得陰陽中和之氣的滋養，質地柔軟脆弱，生機昂然，朝氣蓬勃。當草木開花結果之後，終而枯朽死亡。③故堅強者死之徒，柔弱者生之徒：指天下萬物，凡是強盛堅硬者，必然過剛易折，和氣易散，此皆是取死之類。天下萬物，凡是柔軟弱小者，故能和氣常聚，生機勃勃，長久不壞，此皆是取生之類。④是以兵強則不勝，木強則共：共，即拱（一作「兵」），折斷、被砍伐之意。意指用兵若貪殺逞強，不得人心，失道寡助，終究必取敗亡。樹木高大粗壯之時，就會緻密堅硬，就容易折斷枯朽。⑤強大處下，柔弱處上：凡是堅強之物，失去中和之氣，生氣不足，死氣漸旺，故而走向下坡路，所以附之於下。凡是柔弱之物，中和滋息、生氣旺盛，故而居於上位。河上公章句：「與物造功，大木處下，小物處上。天道抑強扶弱，自然之效。」

【譯文】人活著的時候，真氣充盈，筋骨柔軟，身體靈活，屈伸自如，而人死後，卻筋骨堅硬，身體挺直。草木萌生之初，質地柔軟脆弱，生機昂然，朝氣蓬勃。而草木開花結果之後，終而枯朽死亡。天下萬物，凡是強盛堅硬者，和氣易散，過剛易折，都是取

死之類。天下萬物，凡是柔軟弱小者，生機勃勃，長久不壞，都是取生之類。

用兵若貪殺逞強，不得人心，失道寡助，終究必取敗亡。樹木高大粗壯之時，就會緻密堅硬，容易折斷枯朽。凡是堅強之物，失去中和之氣，生氣不足，死氣漸旺，故而附之於下。凡是柔弱之物，中和滋息，生氣旺盛，故而居於上位。

第七十七章

【題解】本章是承接上一章「柔弱處下，強大處上」之意，繼續闡發天道之理。

天道的自然平衡法則爲至公至平、無私無爲、大中至正、平正通達、無黨無偏、常執中道。人道當效法天道，以謙德爲法，爲而不恃，功成不居，生而不有。然而世人之心多不平，貪心過強，損性害命，自我摧殘。因此老子悲憫世人不曉天道之理，不明道德之義，故以天道示之，意在挽救後世人心。河上公本作「天道第七十七」。

tiān zhī dào qí yóu zhāng gōng yú gāo zhě yì zhī xià zhě jǔ
天之道，其猶張弓與①！高者抑之，下者舉

zhī yǒu yú zhě sǔn zhī bù zú zhě bǔ zhī tiān zhī dào sǔn yǒu yú ér
之②；有餘者損之，不足者補之③。天之道，損有餘而

bǔ bù zú rén zhī dào zé bù rán sǔn bù zú yǐ fèng yǒu yú shú néng yǒu
補不足④。人之道，則不然，損不足以奉有餘⑤。孰能有

yú yǐ fèng tiān xià wéi yǒu dào zhě shì yǐ shèng rén wéi ér bú shì gōng chéng
餘以奉天下，唯有道者⑥。是以聖人爲而不恃⑦，功成

ér bù chǔ qí bú yù xiàn xián
而不處⑧，其不欲見賢⑨！

【註釋】①天之道，其猶張弓與：張，即張開，拉開。意指天道的運行，就像拉弓射箭一樣，有動有靜，有張有弛，有陰有陽。②高者抑之，下者舉之：以張弓射箭之理喻天道法則，張弓射箭，偏高時就前臂下壓，箭身下落；偏低時就前臂上提，箭身上調，皆以靶中爲目標。③有餘者損之，不足者補之：損，即去除、失去。與，給予、補充。此句意爲：天道就如同張弓射靶一樣，以圓心爲軸，以核心爲靶，上下校正，左右調理，捨去多餘的而填補空缺的，使之不偏離中心，以合自然大道。④天之道，損有餘而補不足：天道至公至正，不偏不倚，常執中道，多餘的則損去來彌補不足之處，以復歸中心，回歸本源。以此法則，來維持宇宙間的生態平衡，維護天地萬物的有序化運轉。⑤人之道，則不然，損不足以奉有餘：意指人心多私欲妄念，正與天道相反，多是損人而利己，損公而肥私，損貧以奉富，奪弱而益強。⑥孰能有餘以奉天下，唯有道者：意指唯有天下有道的聖人能不遺餘力，把一切都奉獻給天下眾生。⑦爲而不恃：有利於一切的作爲卻不倚仗它，不揚名，不誇功，不圖報。⑧功成而不處：爲天下眾生謀福利，恩德深厚，功業成就了卻又不自居其功。⑨其不欲見賢：不想顯現自己的賢能，炫耀自己的功德。

【譯文】天道的運行，就像拉弓射箭一樣，有動有靜，有張有弛。弦拉得偏高時，就壓低一些，偏低時就抬高一些，過滿時就放鬆一些，過少時就拉緊一些。天道的規律就是減少有餘的補給不足的，而社會的法則卻是損去不足的奉獻多餘的。唯有天下有道的聖人能不遺餘力地把一切都奉獻給天下眾生。因此有道的聖人有利於一切的作爲卻不倚仗它，功業成就了卻又不自居其功，他不欲顯現自己的賢能，炫耀自己的功德。

第七十八章

【題解】本章取喻於水性，重申柔弱勝剛強的大道之理，與第八章所闡發之理一脈相承，是第八章的繼續和發展。本章又引用聖人之言，以闡明其意，意在教導勸誡世人認知柔弱之道。

守柔是做人修道的總原則，「上善若水」，我們應當學習水德，體認大道。河上公本作「任信第七十八」。

tiān xià mò róu ruò yú shuǐ ér gōng jiān qiáng zhě mò zhī néng shèng
天下莫柔弱於水①，而攻堅強者，莫之能勝②，
qí wú yǐ yì zhī ruò zhī shèng qiáng róu zhī shèng gāng tiān xià mò bù
其無以易之③。弱之勝強，柔之勝剛④，天下莫不
zhī mò néng xíng shì yǐ shèng rén yún shòu guó zhī gòu shì wèi shè jì
知，莫能行⑤。是以聖人云：「受國之垢，是謂社稷
zhǔ shòu guó bù xiáng shì wèi tiān xià wáng zhèng yán ruò fǎn
主⑥；受國不祥，是謂天下王⑦。」正言若反⑧。

【註釋】①天下莫柔弱於水：意指天下萬物，沒有比水的質性更柔弱的。河上公章句：「圓中則圓，方中則方，壅之則止，決之則行。」②而

攻堅強者，莫之能勝：在攻克堅強的物質時，沒有任何一物能夠超過水。河上公章句：「水能懷山襄陵，磨鐵消銅，莫能勝水而成功也。」③其無以易之：易，替代、取代。此句意指：水的至柔特性，及其能攻克堅強之理，是不可改變的永恒真理。沒有任何一物能替代它。④弱之勝強，柔之勝剛：即柔弱能勝剛強之意。⑤天下莫不知，莫能行：人人都知道，但卻做不到。⑥受國之垢，是謂社稷主：垢，即汙垢、恥辱之事。社稷，指古代帝王、諸候所祭祀的土地神和穀神，以後被用作國家的代名詞。此句意指：當國家出現被侵受辱，內憂外患；或遇災害禍亂，社會不寧；或人民貧苦，怨聲四起等不良現象時，國家蒙受塵垢，君主應當引以自咎，反省自責，不怨天尤人，不推卸罪責，這才是爲君主者應有的德性。河上公章句：「人君能受國之垢濁者，若江海不逆小流，則能長保其社稷，爲一國君主也。」成湯曰：「朕躬有罪，無以萬方；萬方有罪，罪在朕躬。」⑦受國不祥，是謂天下王：不祥，災難，禍害。此句意謂：能夠承受住國家的災難，諸如旱澇災害、山崩地震、瘟疫蝗害、百姓饑荒、民心離怨，乃至草木爲妖，禽魚爲孽等不祥之事，君主不怨天地、不責於人，反躬自省，代民受不祥禍殃之過，以己之善，喚民之善；以己之誠，感天地萬物之心。才能得天下人所擁戴，得萬物所嚮往，而成爲天下人的共主。河上公章句：「人君能引過自與，代民受不祥之殃，則可以王天下。」武王曰：「受克予，非朕文考有罪，惟予小子無良。」⑧正言若反：即合乎大道的至理真言，說起來世人愚昧不知，好像反語一樣。

【譯文】天下萬物，沒有什麼比水更柔弱了，而攻堅克強沒有什麼東西能夠勝過水，沒有什麼東西能夠替代它。

柔弱能勝剛強，遍天下人人都知道，但人人卻都做不到。

所以有道的聖人說到：「蒙受國家的塵垢侮辱，引以自咎，反省自責，不怨天尤人，不推卸罪責，才是內有德性的國家君主；承受國家的災禍不祥，反躬自省，罪己恕人，至善化民，至誠感天，才能成爲天下人的共主。」合乎大道的至理真言，說起來好像反語一樣。

第七十九章

【題解】本章承接上一章「受垢」「受不祥」，而重申要做到「無我」「不爭」之難。老子取喻於「和大怨」以明示「有爲」之難以處理。

老子以執左契爲喻，旨在勸諭世人要復歸先天，以無馭有，處世應物，渾然爲一。

道在無爲，道法自然。聖人對於萬物，順逆皆無心，既來即受，受而無心；既去不留，不求不怨。來者不見其有怨，給者不自以爲有德，德怨兩忘，物我渾化，此便是「物我不爭」之德。

弱之勝強，柔之勝剛，損有餘而補不足，天道自然，至公至平，無親無疏，卻常常護佑有善德之人。河上公本作「任契第七十九」。

hé dà yuàn bì yǒu yú yuàn ān kě yǐ wéi shàn shì yǐ shèng rén zhí zuǒ
和大怨，必有餘怨①。安可以爲善？是以聖人執左

qì ér bù zé yú rén yǒu dé sī qì wú dé sī chè tiān dào wú qīn
契，而不責於人②。有德司契，無德司徹③，天道無親，

cháng yǔ shàn rén
常與善人④。

【註釋】①和大怨，必有餘怨：餘怨，遺留於心中的怨恨。意指去化解所結下的仇怨，化干戈爲玉帛，使矛盾趨於和解，仇怨只是暫時得到了平息，而不能從根源上徹底感化，還會心有餘怨。②執左契，而不責於人：契，契約。古代借貸財物時所用的契券，竹木製成，劈爲兩片。左片叫左契，刻著負債人姓名，由債權人保存；右片叫右契，刻著債權人的姓名，由負債人保存。索物還物時，以兩契相合爲憑據。責，責令、要求。此句意爲：我處於先天無爲之位，寂靜不動，以先天德性去合人，不責求於人。③有德司契，無德司徹：司，主管，執掌。徹，即車行過後所留下的車輪痕跡。一說爲周代的取稅之法，指官府按時收取稅賦，沒有商量的餘地。本書依從前者作解。此句意爲：有道的聖人處世應物，不爲物轉，以靜處俗，無心待物，以物付物，不求合而人自合，德心無爲而民自化，猶如保存著借據的左契，等待來人合契一樣；無道之人不能以無心無爲去待人應物，只能用私心有爲去行事作德，求合於人與物，猶如車輪求合於路轍一樣。④天道無親，常與善人：與，即讚許、援助、給予、佑助之意。意指天道至公至平，無親無疏，對萬物眾生皆一視同仁，沒有偏私。但卻常在不知不覺中，默默地幫助、護佑有善德之人。

【譯文】和解深重的怨恨，不能從根源上徹底感化，心中還會存有餘怨。這怎麼能說是妥善的解決了怨恨呢？

因此，有道的聖人如同保留著借據的存根一樣，處於先天無爲之位，寂靜不動，以先天德性去合人，而不責求強迫於別人。有德的聖人處世應物，不爲物轉，以靜處俗，無心待物，以物付物，不求合而人自合，德心無爲而民自化，猶如持著借據等待來人對合一樣；無道之人不能以無心無爲去待人應物，只能用私心有爲去行事作德，嚴厲苛刻，求合於人與物，猶如車輪求合於路轍一樣。

天道至公至平，無親無疏，對萬物眾生都一視同仁，無偏無私。但卻常在不知不覺中，默默地幫助、護佑有善德之人。

第八十章

【題解】本章主旨，重在闡述不遠徙，不外求，不貪物，安於自然無為，享受自然無事的大自在之境。老子騎青牛西隱而去，函谷關遇尹喜，著《道德經》五千餘言，大道茫茫，包括乾坤。在文中想象設言，描繪了一幅充滿田園氣息的農村歡樂圖。

老子觀想今之人心，懷念古人淳樸之德，以此「小國寡民」的理想，追述復歸羲皇上古無為至治的社會，然而列國紛爭，人心擾攘，大道愈乖，道德日下，已然不可復返。

其旨還在於以此言昭示天下，寄托天下後世：

即使處於一個人欲、物欲橫流的社會，也要修身立德，省察克制，少私寡欲，返觀內照，身在紅塵，心超世外，在塵離塵，在境離境，無私無欲，無染無著，入於道德之鄉，居於清靜淨土，做一個通達明了的聖者，挽救世道人心，普利天下蒼生，使之同歸大道，復合本源。河上公本作「獨立第八十」。

xiǎo guó guǎ mín shǐ yǒu shí bǎi zhī qì ér bú yòng shǐ mín zhòng sǐ ér
小國寡民，使有什伯之器而不用①。使民重死而
bù yuǎn xǐ suī yǒu zhōu yú wú suǒ chéng zhī suī yǒu jiǎ bīng wú suǒ chén
不遠徙②。雖有舟輿，無所乘之③；雖有甲兵，無所陳
zhī shǐ mín fù jié shéng ér yòng zhī gān qí shí měi qí fú ān qí
之④。使民復結繩而用之⑤。甘其食，美其服⑥，安其
jū lè qí sú lín guó xiāng wàng jī quǎn zhī shēng xiāng wén mín zhì
居，樂其俗⑦。鄰國相望，雞犬之聲相聞⑧，民至
lǎo sǐ bù xiāng wǎng lái
老死，不相往來⑨。

【註釋】①小國寡民，使有什伯之器而不用：寡，少。使，即使。什伯之器，指十倍或百倍於人力的功效器械。此句意爲：上古時期，部落群居，即使有十倍或百倍於人力的功效器械，也都棄置不用。②使民重死而不遠徙：重死，即愛惜生命、看重死亡之意。徙：遷移、遠走。此句意爲：聖君爲民興利除害，使百姓各得其所，各順其性，知足常樂，珍重生命，安居樂業，無憂無慮，心神靜定，心處無爲，不看重身外之物，不求取物欲之好，不會長途跋涉遷徙他鄉。③雖有舟輿，無所乘之：舟輿，指舟船、車輿等高效的器械。意指聖君以道治國，以德化民，百姓無繁令之擾，無苛稅之憂，豐衣足食，安居樂業，心清性定，過著安閒自在的生活，不爲身外之物所誘惑。即使交通十分便利，擁有舟船、車輿等許多高效的交通工具，也不會離棄家鄉奔波遠徙。④雖有甲兵，無所陳之：陳，排列、擺開。意指聖王無爲而治，大道弘開，國運昌盛，百姓安居樂業，各守本分，社會安寧，天下安和，即使擁有強大的武力，也無須陳兵自衛。⑤使民復結繩而用之：結繩，即文字產生以前，古代記事的一種形式。意指使人們重新恢復到像結繩記事之時，那種淳樸率直、真誠無邪、純潔篤實的上古生活。⑥甘其食，美其服：指上古先民無私欲邪

念，無巧心欺詐，古樸淳厚，善良誠實，儉樸淡泊，少私寡欲，耕作而食，鑿井而飲，自食其力，不圖奢華，不追求異物，不貪享厚味。一日三餐，以五穀蔬菜爲飽，以粗茶淡飯爲香；以布衣御寒，以葛麻防暑。不求華麗錦繡，不貪金銀財寶，不遠徙獵取華麗之飾，過著悠然自在的美好生活，沒有過多的非分之想。⑦安其居，樂其俗：指鑿戶牖爲居室，可遮風擋雨，可安身而居。不求豪華廣廈，不貪圖高床奢具，即使茅屋草庵，陳設簡陋，卻安貧樂道，自在無憂，心中無欲無求，安享自然無爲之樂，安然過著簡樸而充實的自在生活。⑧鄰國相望，雞犬之聲相聞：指兩國相距很近，抬眼即可望見，連雞鳴狗吠之聲，都可以聽到。蘊含著天下太平，兩國和平共處，即使邊界相鄰，百姓都相安無事，互不相擾，和睦相處。⑨民至老死，不相往來：意指上古先民，內養天真本性，心無馳騁外求，百姓安居樂業，親如一家，心息相依，德善交融，無內外之別，無人我之分，安居樂土，生活自在，身不遠徙，心不外馳，無人離開故鄉，而奔波異國他鄉。

【譯文】上古時期，部落群居，即使有十倍或百倍於人力的功效器械，也都棄置不用。聖君爲民興利除害，使百姓各得其所，各順其性，知足常樂，珍重生命，無憂無慮，心神靜定，心處無爲，不看重身外之物，不求取物欲之好，不會長途跋涉遷徙他鄉。百姓無繁令之擾，無苛稅之憂，豐衣足食，安居樂業，過著安閒自在的生活。即使交通十分便利，有舟船、車輿可以乘坐，也不會離棄家鄉奔波遠徙。百姓安居樂業，各守本分，社會安寧，天下安和，即使擁有強大的武力，也無須陳兵自衛。

使人們重新恢復到像結繩記事之時，那種淳樸率直、真誠無邪、純潔篤實的上古生活。百姓無私欲邪念，無巧心欺詐，古樸淳厚，善良誠實，儉樸淡泊，少私寡欲，耕作而食，鑿井而飲，自食其力，不圖奢華，不追求異物，不貪享厚味。一日三餐，以五穀蔬菜爲飽，以粗茶淡飯爲香；以布衣御寒，以葛麻防暑。不求華麗錦繡，不貪金銀財寶，不遠徙獵取華麗之飾，過著悠然自在的美好生活，沒有過多的非分之想。鑿戶牖爲居室，可遮風擋雨，可安身而居。不求豪華廣廈，不貪圖高床奢具，即使茅屋草庵，陳設簡陋，卻安貧樂道，自在無憂，心中無欲無求，安享自然無爲之樂，安然過著簡樸而充實的自在生活。

國與國之間相距很近，抬眼即可望見，連雞鳴狗吠之聲，都可以聽到。然而，百姓卻相安無事，互不相擾，人人都內養天真本性，心不馳騁外求，安居樂業，親如一家，心息相依，德善交融，身不遠徙，心不外馳，無內外之別，無人我之分，安居樂土，生活自在，無人離開故鄉，而奔波異國他鄉。

第八十一章

【題解】大道不言，自在人心，修與不修，各自隨心。道本無言，非言莫顯，老子苦口婆心，慈心悲憫，爲了教導世人明道，不得已而言說。著留《道德經》五千餘言，字字珠璣，句句眞諦。本就難明，但非明莫得，世人可由此得道味之甘，受德言之美，窮萬物之理而無不至。

本章爲《道德經》的終結，採用了與九章、十章、十五章、二十章、三十三章、四十五章、六十四章、七十六章相類似的格言警句的形式。旨在告誡世人：立言很容易，能夠從言中悟道、明道、得道卻很難，若是能洞明道義，躬行大道更是難上加難。

老子提出了美與信、善與辯、知與博的矛盾，涉及到眞假、善惡、美醜等對立統一的樸素辯證法。其目的在於告誡世人，不可以虛言僞語誇誇其談，不可以見聞覺知爭強好辯，不可以廣知博學爭能奪譽。

「信言不美」，言多樸實，美在本質，故不美；「善者不辯」，德善明理，善在淳樸，故不辯；「知者不博」，絶學忘言，貴在極一，故不博；「己愈有」者，人心所尊，天下歸德；「己愈多」者，物欲所歸，大德雨厚；「利而不害」，道動而生成物；「爲而不爭」萬物各順其性。

老子言而無言，爲而無爲，闡明聖人之德，通達天道之理，大道廣化，普利群倫。河上公本作「顯質第八十一」。

xìn yán bù měi měi yán bú xìn shàn zhě bú biàn biàn zhě bú shàn zhì
信言不美，美言不信①。善者不辯，辯者不善②。知
zhě bù bó bó zhě bú zhì shèng rén bù jī jì yǐ wéi rén jǐ yù yǒu
者不博，博者不知③。聖人不積④，既以爲人己愈有⑤，
jì yǐ yǔ rén jǐ yù duō tiān zhī dào lì ér bú hài shèng rén zhī dào wéi
既以與人己愈多⑥。天之道，利而不害⑦；聖人之道，爲
ér bù zhēng
而不爭⑧。

【註釋】①信言不美，美言不信：信言，誠實無欺之言。美言，浮華虛僞之言。此句意爲：凡是誠實之言，句句真實，句句質樸，沒有虛僞粉飾，沒有投其所好，言之有物，言之有理，言行一致。凡是浮華虛僞之言，皆是投人所好，美言悅人，巧舌如簧，虛誕無憑，言而無信。②善者不辯，辯者不善：辯，巧辯、能說會道。意指有道之人，謙德自養，含光內斂，言無彩文飾華，句句真實不虛，言語合於天道真理，通達塵俗人事，不與人爭，不逞言辯。而無道之人，卻心中空虛，正氣不足，真理不明，缺乏德性涵養，自作聰明，口巧舌辯，誇誇其談，以逞其能。③知者不博，博者不知：知者，即真智真慧，洞明宇宙人生的真理者。博者，指多聞博知，博覽群書，博古通今。此句意爲：了悟宇宙人生真諦的大智慧者，含光內斂，厚德貴藏，明覺四達，洞曉陰陽，守元抱一，專心致靜，絕學無憂，絕聖棄智。博古通今的才學之士，記誦詞章，多聞博知，卻徒知表象，不悟實理，囿於大千世界有形有色的萬千事物，卻不能窮盡萬事萬物的根本真理，洞達宇宙人生的玄妙大道。④聖人不積：積，蓄藏，積存。意指有道的聖人，不積其功以自伐，不蓄其財以自賢。無私無欲，積德不積財，有德以教愚，有財以濟人。⑤既以爲人己愈有：既，即盡到、完全之意。指聖人以己有之財盡施於人；將自己之知，變爲眾人之知；以己之德，化爲眾人之德；以己之有，爲人之有。人得我之有，而人亦有，而我更有。我之德化於人，人人有德必益於我，則我之德愈多，一人之德化爲天下之德。⑥既以與人己愈多：意指在無心無爲的心態下，以己之財物施捨於人，以己之德化於人，人得我之愈多，則我之德愈厚，而人之得愈多，多與多相勉，則多必共進，兩相受益。河上公章句：「既以財賄佈施與人，而財益多，如日月之光，無有盡時。」⑦天之道，利而不害：天生養萬物，故無所不生，無所不長，生生不窮，化之無盡，愛育如子，百般佑護，毫無傷害之心。河上公章句：「天生萬物，愛育之，令長大，無所傷害也。」⑧聖人之道，爲而不爭：聖人能效法天道的法則，無爲而爲，因物付物，順其自然，一無所爭。河上公章句：「聖人法天所施爲，化成事就，不與下爭功名，故能全其聖功也。」

【譯文】誠實之言，句句真實質樸，沒有虛僞粉飾，言之有物，言之有理；浮華虛僞之言，巧舌如簧，美言悅人，虛誕無憑，言而無信。有道之人，謙德自養，含光內斂，言無文飾，句句真實不虛，合於天道真理，通達塵俗人事，不與人爭，不逞言辯；無道之人，卻心中空虛，正氣不足，真理不明，缺乏德性涵養，自作聰明，口巧舌辯，誇誇其談，以逞其能。了悟宇宙人生真諦的大智慧者，含光內斂，厚德貴藏，明覺四達，洞曉陰陽，抱一守元，專心致靜，絕學無憂，絕聖棄智。博古通今的才學之士，多聞博知，徒知表象，不悟實理，囿於形色，不能窮盡萬事萬物的根本真理，不能洞達宇宙人生的玄妙大道。

有道的聖人，不積功，不蓄財，無私無欲，行德以化民，而德愈厚，施財以濟人，而財愈多。

上天長養萬物，無所不生，無所不長，生生不窮，化之無盡，愛育如子，百般佑護，毫無傷害之心。聖人效法天道，無爲而爲，因物付物，順其自然，一無所爭。

古籍書局已出版書目

《漁樵問對》
古籍書局
定價：HK$58

《漁樵問對淺釋》
古籍書局
定價：HK$68

《觀物內外篇》
古籍書局
定價：HK$68

《村學究語》
古籍書局
定價：HK$68

《朱子讀書法六課》
古籍書局
定價：HK$68

《寒窰賦》
古籍書局
定價：HK$58

《王陽明傳》
古籍書局
定價：HK$78

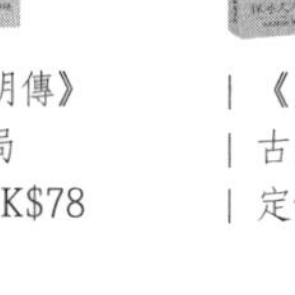

《大醫問津》
古籍書局
定價：HK$88

《所有發生，皆為你而來》
古籍書局
定價：HK$78

《中國歷代政治得失》
古籍書局
定價：HK$280

《菜根譚》
古籍書局
定價：HK$280

《教子要言 教子圖說》
古籍書局
定價：HK$280

《三字經、百家姓、千字文、弟子規》
古籍書局
定價：HK$22

《大學　中庸》
古籍書局
定價：HK$28

《論語》
古籍書局
定價：HK$58

《孟子》
古籍書局
定價：HK$68

《道德經》
古籍書局
定價：HK$28

《了凡四訓》
古籍書局
定價：HK$32

《聲律啟蒙》
古籍書局
定價：HK$28

《笠翁對韻》
古籍書局
定價：HK$28

《周易》
古籍書局
定價：HK$58

《幼學瓊林》
古籍書局
定價：HK$58

《錢本草》
古籍書局
定價：HK$58

《金花的秘密》
古籍書局
定價：HK$48

《黃帝外經譯註》
古籍書局
定價：HK$58

《養生導引術》
古籍書局
定價：HK$48

《中醫捷徑：醫學傳心錄》
古籍書局
定價：HK$48

《注音全本全注全譯道德經》
古籍書局
定價：HK$58

《帛書道德經》
古籍書局
定價：HK$58

《老子清靜經》
古籍書局
定價：HK$48

《太乙金華宗旨易解》
古籍書局
定價：HK$48